En la tormenta

ore, busque y escriba su camino hacia el gozo de Dios

Desiree Montalvo-Holt

HIGH BRIDGE BOOKS

HOUSTON

Tabla de contenido

Dedicado a *todos los que luchan contra una tormenta...*

No prevalecerá ninguna arma que se forje contra ti;
toda lengua que te acuse será refutada.

—Isaías 54:17

Expresiones de gratitud

A todos mis amigos y doctores increíbles ... su apoyo y aliento vivirán para siempre en mi corazón. Saben exactamente quienes son.

Para mi hijo Kristien, mi hija Amaylia y toda mi familia. Sin ustedes y su amor, el mundo de Desiree estaría tan vacío. El cuidado y el amor que han derramado en mí supera todo lo que podría haber imaginado.

Para mi esposo... Dios sabía que te necesitaría en un momento como este. Gracias por tu amor.

Por último, a mi madre — *mi libélula* — tu amor será siempre lo que me motiva. ¡Oro que con este devocional muchos sean bendecidos y experimenten el amor y la verdadera alegría de Dios!

ORAR

*Por eso les digo que todo lo que pidan en oración,
crean que lo recibirán, y así será.*

—Marcos 11:24

Tome de cinco a diez minutos para conectarse con Dios. Reflexione sobre su vida y tenga conversaciones diarias con Dios. Recuerde que la oración es una conversación bidireccional en la que no solo comparte su corazón sino que también escucha lo que Él tiene que decirle.

BUSCAR

*¡Refúgiense en el Señor y en su fuerza,
busquen siempre su presencia!*

~ 1 Crónicas 16:11

Escuche el susurro de su voz mientras lee las oraciones. Vaya a Él con el deseo de conocerlo y comprender su propósito para su historia.

ESCRIBIR

*Y el Señor me respondió: "Escribe la visión, y haz
que resalte claramente en las tablillas, para que
pueda leerse de corrido".*

—Habacuc 2:2

Escríbalo y entregue sus tormentas completamente al Señor. ¡La recompensa es realmente puro Gozo! No hay nada que Él no pueda manejar por usted.

Introducción

¡Qué *Gozo* que esté aquí!

Únase a mí mientras le cuento cómo comenzó mi viaje de "gozo"...

Cuando era niña, me encantaba expresarme a través de la escritura. Poner lápiz al papel fue algo que pude hacer fácilmente. Me permitió ir a diferentes lugares a solas con mis emociones. Escribir en un diario me sacó de mis momentos oscuros y me llenó de esperanza.

En 1996, cuando tenía veinte años, las luchas en mi primer matrimonio se habían vuelto reales. Comencé a escribir en el diario como una forma de escape. En esas páginas derramé mi frustración, mis temores y mis fracasos. Mi diario se convirtió en un lugar donde derramé las emociones que se agitaron dentro de mí. Mientras escribía sobre mi confusión interna, todo lo que podía hacer era esperar que Dios estuviera escuchando.

Durante este tiempo, me diagnosticaron el linfoma de Hodgkin. Mientras soportaba meses de radiaciones, decidí escribir cartas para mi hijo pequeño. No creía que iba a estar por mucho tiempo en su vida y quería que mi hijo supiera cuánto lo amaba. Quería que me conociera a través de mis entradas de mi diario.

Pasaron los años y todavía estoy aquí. ¡Qué asombroso es Dios!

Ahora sé que Dios podría necesitarme aquí por mucho más de lo que yo podría imaginar. Cuando nació mi hija, las entradas en mi diario cambiaron para ahora compartir mis pensamientos, esperanzas, y sueños con ella también. Escribí orándole a Dios para que les protegiera. Con cada entrada, me estaba conectando más y más con Dios en esas páginas y en Su palabra, la Biblia. Le pregunté por qué yo enfrentaba tantas luchas. Expresé mi ira muchas veces por mis circunstancias. Aun así, ESTABA muy agradecida por estar viva.

Pronto, comencé a cerrar mis entradas con una oración a Dios. Le supliqué que me viera en mi dolor y que me diera la fuerza para seguir adelante.

¡Me enganché!

Escribir en mis diarios se convirtió en mi refugio, mi lugar seguro. Mi diario fue el lugar donde me encontré con Dios y vacié mi corazón y mi alma ante Él. A cambio, con cada oración, Él comenzó a verter paz y alegría en mi corazón. Mis oraciones fueron respondidas.

Algunas no fueron respondidas de la manera que esperaba, pero sin duda Su plan perfecto para mí estaba en movimiento. Sentí como si Dios finalmente leyó mis diarios, y que Él estaba presente durante todas las etapas de mi vida. Empecé no solo a cerrar mis entradas con oración, sino también a abrir Su palabra y buscarlo más.

Sentí Su presencia cubriéndome como una manta cálida en un día frío y ventoso. Ahora, no solo cerraba mis entradas con oración, sino que mi mayor Gozo vino de conectarme con mi Padre Celestial en mis diarios.

Después de más de veinte años de oración, búsqueda y escribir en diarios, encontré verdadero *Gozo* en mis batallas. Ahora, mientras he sufrido enfermedades crónicas durante los últimos años, Él me ha mostrado que debo elegirle en mis circunstancias, y confiar en Él en mis tormentas.

Estoy tan agradecida de que cuando mis días parecen imposibles por estar llenos de dolor, infección y falta de energía, he aprendido a rendirme a mi Rey. He aprendido a orar, buscar y escribir en el diario creyendo que con mis dolores y mis luchas, mi Dios es intencional en Su propósito.

En Su presencia, encontré una paz interior y satisfacción de la situación en la que estaba. Mis anotaciones en el diario y mis oraciones me han traído a este lugar donde puedo compartir con usted este devocional y las palabras que Dios ha puesto en mi corazón.

He buscado a Dios y he permitido que me consuele y me dé fuerzas. Buscar Su Gozo se ha convertido en una acción diaria que me ha conectado con algo mucho más grande que yo. Si algo he aprendido, es que Dios no malgasta el dolor. ¡Él le inspirará a bendecir a otros y Su Gozo le llevará a través de la tormenta!

Mi oración es que cuando lea cada entrada y escuche las oraciones que Él me ha dado para compartir, usted se anime y comparta su historia y bendiga a alguien más con el Gozo que Él ha depositado en usted.

1

Él es mi Dios

¡Ah, Señor mi Dios! Tú, con tu gran fuerza y tu brazo poderoso, has hecho los cielos y la tierra. Para ti no hay nada imposible.

—Jeremías 32:17

Encontré a Dios nuevamente en el quinto piso de la habitación del hospital. Él estaba ahí. Nunca me dejó a través de la tormenta. Solo tenía que abrir los ojos el tiempo suficiente para verlo y el tiempo suficiente para sentir Su amor y propósito para mi vida.

Choqué contra Él, devastada cuando todas mis cirugías habían fracasado. ¿Por qué, Señor? Simplemente no lo entendí. Estuve entumecida por unos días, y el silencio entró lentamente. Mis pésimos pensamientos empezaron a tomar control, "Señor, hice todo lo que me has pedido", grité: "¿Por qué no puedo seguir adelante sin llevar esta carga conmigo?"

Él se quedó allí mirando mientras permitía que esta prueba se desenredara, tomando mi dolor y sufrimiento por mí, como un padre que ve a su hijo caerse de una bicicleta por primera vez, queriendo ayudarle pero permitiendo que se caiga para que aprenda.

Sí, estaba desesperada en ese momento, y necesitaba que Dios hiciera un milagro.

Quería un milagro, y quería que el Sanador se lo llevara todo. No necesito otra lección, eso pensé. Todo lo que yo podía escuchar cuando me encontré en ese lugar oscuro fue: "¿Confías en mí, Desiree?" Todo lo que pude gritar fue, "¡Sí, sí!" pero todavía no entendía el "por qué".

Lo que aprendí después de muchos días fue que el "por qué" no importaba. Mi enfoque tuvo que cambiar al hecho de que las cosas no salieron como yo pensaba o planificaba. Tenía que confiar y creer en Su plan con mis circunstancias. Él me mostró y me recordó el poner mi confianza en Él sin importar las circunstancias. En esa cama, Él me recordó que Él tenía el control y que me ayudaría a superar esta prueba. Todo lo que tenía que hacer era confiar. Esta no ha sido una tarea fácil, pero cada vez que me caigo, mi medidor de confianza ha aumentado. Su plan ha sido tan intencional y decidido.

Lo que sí entiendo hoy es que si me aferro a las emociones de mi carne, me desmoronaré, pero cada vez que elijo a Dios a través de los momentos difíciles, sigo sintiendo tanta paz y gozo, y sé que Su obra en mí es para un gran propósito.

¿Confiará usted en Él en sus circunstancias?

ORAR

Señor, hoy elijo confiar en Ti. ¡Quiero aprender a dejar el dolor día con día y aferrarme a Tus promesas y Gozo todos los días!

Ayúdame a confiar en Ti a través de las circunstancias y no pensar en la situación en la que estoy. Ayúdame a buscarte a través del dolor y la lucha, incluso cuando la ira, la decepción y la desesperación se cuelen en mi alma. Guíame para conocerte mejor para que mi vida refleje todo Tu Ser en mí .

Espíritu Santo, enséñame cómo vivir en lo que puedo hacer, no en lo que no puedo hacer. Mantenme enfocada en lo positivo para no colapsar en mi carne y mis deseos. Dame paz en mi historia y ayúdame a aceptar que es diferente porque Tus planes para mi vida son diferentes.

Cúrame de adentro hacia afuera. Así puedo disfrutar en mi corazón de Ti y ver Tu trabajo en mí, Señor. Sé el autor. Quiero confiar en Ti con lo que estás haciendo en mi vida.

Enséñame a disfrutar los buenos días y confiar en Ti en esos momentos que simplemente no entiendo.

Quiero aprender a ser agradecida, Señor, y ser completamente transformada y renovada por Tu amor hacia mí.

Señor, hoy elijo confiar en Ti en mis circunstancias.

BUSCAR Y ESCRIBIR

Escriba sus luchas. Él estará allí con Ud. en cada una de ellas y le demostrará que con Él lo imposible es posible.

"—Para los hombres es imposible —aclaró Jesús, mirándolos fijamente—, mas para Dios todo es posible". (Mateo 19:26)

Porque para Dios no hay nada imposible. (Lucas 1:37)

Alcen los ojos y miren a los cielos: ¿Quién ha creado todo esto? El que ordena la multitud de estrellas una por una, y llama a cada una por su nombre. ¡Es tan grande su poder, y tan poderosa su fuerza, que no falta ninguna de ellas! (Isaías 40:26)

_____

_____

_____

_____

Él es mi Dios

_____
_____
_____
_____
_____
_____
_____
_____
_____
_____
_____
_____
_____
_____
_____
_____
_____

2

Él es mi Confianza

Confía en el Señor de todo corazón,
y no en tu propia inteligencia.

—Proverbios 3:5

¿Cree que por Sus llagas están curadas, no solo física sino emocional y espiritualmente? Cuando está en la tormenta, ¿realmente ve a Dios luchando por Ud. o contra Ud.? No sé de usted, pero tengo que compartir hasta dónde he llegado hoy en mis batallas con la esperanza de ayudar a alguien en su tormenta.

Hoy, confío en que Él es mucho más para mí que nunca antes. ¿Por qué? Mis luchas me han permitido experimentarlo como nunca antes en mi vida. Yo tuve que caer ante Él y confiar en Su propósito y plan para mi vida.

Verá, antes de esta batalla, yo solía decir cosas como: "Si esto me pasa a mí, o si eso me pasa a mí, Señor, ¡sólo llévame, por favor!" Ahora que Él me ha llevado a través de varias tormentas y he estado en Él, la experiencia me ha dado las fuerzas que sé que solo vienen de Él.

¡Estoy tan agradecida!

Cómo sucedió todo esto, no estoy segura. De lo que estoy segura es de que Él continúa moldeándome a través de todo y me siento como una vencedora con Él. Sé que Él está para mí y con toda seguridad no contra mí. No tengo porque rendirme; Él tiene un plan. Es posible que no pueda verlo, pero Él me ama y me ayudará a superar todo.

Soy su hija, hecha a Su imagen y Él desea una sanación completa para mí. Ahora entiendo que lo que Él ha planeado para mí podría llevarme por caminos difíciles, pero las luchas crearán a la persona increíble que Él siempre imaginó.

¿Cederá usted ante Él y confiará en Su propósito para lo que sea que pase hoy?

ORAR

Espíritu Santo, me rindo hoy. ¡Estoy ante Ti, creyendo que mis pruebas serán decididas y para Tu gloria! Cuando mis pensamientos quieran tomar el control y los momentos me consumen, recuérdame, Padre, que estás haciendo milagros a través de mí. Soy Tu increíble diseño, y no dejarás mi lado ni desperdiciarás mis dolores.

Señor, cuando mi cuerpo, mi mente o mi espíritu estén bajo ataque, enséñame a correr hacia Ti y Tu palabra, y descansar en Tu fuerza, no en la mía.

Estoy muy agradecida de que Tú estés al tanto de todo lo que me está sucediendo en este momento y Tu promesa de no dejarme. Me mantengo firme en Tus planes y sé que todas las cosas son permitidas e intencionales.

Ayúdame a tener una mente espiritual hoy y acercarme más y más a Ti en oración. Hoy me libero de todas mis ansiedades y confío en Tu voluntad para mi vida.

Señor, quiero hoy estar libre de mí misma y completamente llena de Ti. Quiero vivir en una conversación continua contigo, creyendo que todo lo que tienes para mí es una bendición, sirviendo para los demás como muestra de Tu increíble amor.

Ayúdame a vivir Tu plan para mi vida y rehusar rendirme. Quiero encontrar Tu paz en todos mis momentos desordenados.

BUSCAR Y ESCRIBIR

Confíe en Él en todo hoy. Comparta sus victorias y luchas con Él.

> En ti confían los que conocen tu nombre, porque tú, Señor, jamás abandonas a los que te buscan. (Salmo 9:10)

> Pero yo, Señor, en ti confío, y digo: «Tú eres mi Dios». (Salmo 31:14)

> Que el Dios de la esperanza los llene de toda alegría y paz a ustedes que creen en Él, para que rebosen de esperanza por el poder del Espíritu Santo. (Romanos 15:13)

_____

_____

_____

_____

3

Él es mi Padre

Clama a mí y te responderé, y te daré a conocer cosas grandes y ocultas que tú no sabes.

—Jeremías 33:3

¿A dónde va para encontrar un lugar para conectarse con Su Padre?

Por lo general, me siento en mi balcón con un café en la mano, buena música de adoración, mis diarios y mi biblia. Cuando eso no funciona, abro mi armario donde tengo papeles con versos que necesitaba al orar por mi matrimonio, mis hijos y mi salud.

Si todo eso falla, caigo de rodillas orando para que Dios me ayude con las cosas tontas que salen de mi boca o las emociones que me hacen perder el control con mi cónyuge o con mis hijos.

¿Se identifica?

En estos caóticos momentos de oración, estoy muy agradecida de tener este tiempo para encontrar a mi Padre, el que escucha y que no me castiga por mis tontos percances. Estoy muy agradecida por Su amor y Su constante política de puertas abiertas. Estoy agradecida por donde me tiene en este momento, confiando totalmente en Él en todas las cosas.

Todavía yo puedo decir o hacer cosas incorrectas, después de todo, soy un ser humano, pero sé que ya no estoy viendo a Dios a lo lejos. En mis momentos injustos, ahora estoy aprendiendo a caminar con Él de la mano. Estoy aprendiendo a confiar realmente en que, incluso en mis miedos, Él está allí. Mi vida y mis pensamientos son muy diferentes ahora con Él.

Estoy muy agradecida por el viaje mientras entro, una vez más, al quirófano. Sé que, aunque en carne no me sienta tranquila, mi espíritu lo está y se debe a que Él me ha sostenido durante esta prueba y me ha dado una lección también. Ha sido tan intencional. Depender en mi Padre y confiar en Su voluntad han transformado mi vida.

¿Se sentará usted con Su Padre hoy y experimentará la vida con Él?

ORAR

Padre, Te invito a que llenes las páginas de esta historia. Continúa incrementando mi fe con Tu amor. A través de las pruebas, ayúdame a buscar y encontrar Tu Gozo, de creer que mi historia es una manifestación continua de Tu increíble amor por mi vida.

Hoy, elijo sentarme en mi lugar tranquilo contigo y escuchar Tus palabras. Elijo ser consumida por la sabiduría que solo Tú puedes darme.

Anhelo Tus instrucciones en mis tiempos de miedo e incredulidad. Muéstrame Tu voluntad para mi vida, Señor. ¡Estoy lista!

Doy la bienvenida a Tu Espíritu Santo en todos mis momentos incómodos. Tranquilízate y muéstrame Tus planes. Lléname, Señor, y crea en mí una persona que Te vea en todas las actividades del día.

Señor, me reposo y confío en Ti sobre mi cuerpo, sobre mi corazón, sobre cada parte de mi ser. Soy Tu magnífica creación, Tu obra maestra en curso. Permíteme caminar contigo y conocerte más íntimamente cada día.

¡Qué gran sensación saber que en mi vacío espiritual, Tú eres el único que puede volver a llenarme!

Abrúmame con Tu fuerza mientras enfrento los desafíos del día. Protégeme con una fe que pueda atravesar y conquistar todos los obstáculos del día.

Tranquilízame hoy con Tu palabra. Llévame a ese lugar tranquilo donde solo puedo escuchar Tu voz. Hoy quiero descansar en Tus brazos para poder encontrar paz en Tu presencia, Señor.

BUSCAR Y ESCRIBIR

Encuentre un lugar tranquilo y busque a Su Padre en estos versos.

Y ahora, hijos míos, escúchenme: dichosos los que van por mis caminos. Atiendan a mi instrucción, y sean sabios; no la descuiden. Dichosos los que me escuchan y a mis puertas están atentos cada día, esperando a la entrada de mi casa. En verdad, quien me encuentra halla la vida y recibe el favor del Señor. (Proverbios 8:32-35)

¡Refúgiense en el Señor y en su fuerza, busquen siempre su presencia! (1 Crónicas 16:11)

_____

_____

_____

_____

_____

_____

_____

_____

_____

_____

_____

_____

_____

_____

_____

_____

_____

_____

_____

_____

_____

_____

_____

_____

_____

_____

_____

_____

_____

_____

_____

_____

_____

_____

_____

_____

_____

_____

_____

4

Él es mi Guía

"Yo les he dicho estas cosas para que en mí hallen paz. En este mundo afrontarán aflicciones, pero ¡anímense! Yo he vencido al mundo".

—Juan 16:33

Cada mañana, mi objetivo es pasar un tiempo con el Señor. Salgo a mi balcón con una taza de café y Su palabra. En estos momentos me pregunto cómo sería mi vida si hubiera elegido mi camino y no el de Dios. Le pregunto a Dios: "¿Por qué me dejaste ir de esta manera?" O digo: " ¡Guau! realmente estuviste allí durante la tormenta ".

Siempre estoy asombrada cuando miro hacia atrás, y Él me muestra cómo estuvo allí conmigo, incluso cuando yo elegí y rechacé Su camino.

Durante este tiempo, me siento muy humilde por Su amor por mí, por cómo Él ha satisfecho todas mis necesidades, y cómo ha salvado todas mis lágrimas. No quiero que Ud. piense que le engaño; no puedo ver esto claramente durante la tormenta. Pero, cuando mi cabeza se levanta de ese lugar fangoso, veo Su gracia asombrosa y no puedo imaginar la vida sin Él.

Sé de algunas necesidades que Él no satisfizo porque tuve que aprender una lección. Créame que aprendí esto por las malas. Realmente entiendo, después de muchos años de caerme y enojarme, que Él sabe lo mejor que hay que hacer. Por supuesto, no pude ver esto en este momento.

¿Qué hay de Ud?

Al igual que un niño es para sus padres, ahora sé que Él es mi padre, mi proveedor.

Estoy muy contenta de mis pruebas y giros equivocados que me han mantenido desesperada por Él y me han llevado hoy a Su voluntad. No soy perfecta, pero sé que Él es.

¡Únase a mí hoy para alabar a Dios por las pruebas en nuestras vidas que nos dan sabiduría y nos acercan a Él!

ORAR

Señor, gracias por ser mi proveedor definitivo. Gracias por nunca renunciar a mí, incluso cuando yo estaba lista a renunciar a mí misma y a quienes me rodeaban. Gracias por nunca dejar de estar a mi lado; aun cuando Te aparté, Te pusiste de pie, me viste y derramaste lágrimas por mí, pero nunca me dejaste.

Señor, cuando yo ni sabía las consecuencias del camino que estaba tomando, me guiaste y me enseñaste, me recogiste cuando no tenía más energía para dar en mi carne, y me recordaste que estabas allí.

No importa que muchas veces Te haya fallado, siempre me haces saber que me amas y nunca me rendiré. Mi corazón se entristece sabiendo que Te he lastimado con mis decisiones aun siendo Tu hija. Perdóname.

Quiero que sepas, Padre, que estoy tan agradecida de que cada mañana sea completamente nueva para Ti, otra oportunidad para hacerlo estar bien contigo. Estoy muy agradecida que Tu palabra tenga grandes promesas:

> Sean fuertes y valientes. No teman ni se asusten ante esas naciones, pues el Señor su Dios siempre los acompañará; nunca los dejará ni los abandonará. (Deuteronomio 31: 6)

Cuando la vida parece fallarme, Padre, Tú no lo haces. Señor, ayúdame a buscarte por los caminos solitarios, por las curvas equivocadas, por las pruebas difíciles que no entiendo. Ayúdame a vivir en Tu voluntad y propósito.

Señor, hoy elijo glorificar Tu nombre. Elijo Tu amor y Tu abrazo. Elijo las promesas en Tu palabra que me dan vida y esperanza para cada victoria y batalla que enfrento cada día.

Señor, cambio mis senderos y caminos llenos de problemas por Tu paz. Toma mi mano y guíame.

Cuando lleguen los momentos difíciles, recuérdame que eres MI PADRE y que nunca me dejarás. Cuando quiera correr, empújame más cerca a Ti.

Muéveme a alabarte y adorarte a través de todo. Enséñame a alegrarme cuando no puedo ver lo que tienes reservado para mí.

¡Sumérgeme, Padre, en Tu abrazo!

BUSCAR Y ESCRIBIR

¿Permitirá que Dios le guíe hoy? Escriba las pruebas por las que está pasando. Entrégueselas a su Padre y dele gracias por todas las pruebas que Él ha luchado, y está luchando, por Ud.

_____

_____

_____

_____

_____

_____

_____

_____

_____

_____

_____

_____

_____

_____

_____

_____

_____

_____

_____

_____

_____

_____

_____

_____

_____

_____

_____

_____

_____

_____

_____

_____

_____

_____

_____

_____

5

Él es mi Lugar de Residencia

El que habita al abrigo del Altísimo se acoge a la sombra del Todopoderoso.
Yo le digo al Señor: "Tú eres mi refugio, mi fortaleza, el Dios en quien confío".

—Salmo 91:1-2

¿Está encontrando paz en su morada? ¿Cuál es ese lugar para Ud.? Si es como yo, habita en todos los lugares equivocados: en las páginas de Facebook de otras personas, publicaciones de Instagram, Tweets y se siente como, ¡Guau, soy una persona bastante aburrida!

¿Soy solo yo?

A menudo, todo lo que encuentro es incertidumbre y caos, especialmente en los eventos de nuestro mundo. Si me detengo lo suficiente en otros, la televisión o las redes sociales, mi ansiedad por el futuro me consume rápidamente.

¿Sabe que no tiene que depender o morar en estos lugares y sentirse agotada? ¡Tenemos la opción todos los días, todas las mañanas, de morar en la casa de nuestro Rey y beber del agua viva de nuestro Señor! Tenemos la elección de alejarnos y vivir en paz sabiendo que Él ha permitido ciertas cosas para nuestro bien y para Su propósito divino. Nuestras vidas no van a ser libres de problemas, pero créame, las luchas serán más fáciles de pasar por diario si permanecemos cerca de Él.

Hoy, ¿está lista para apagar los ruidos que interrumpen su paz y habitar con Él para no fatigarse?

ORAR

Padre, quiero acercarme más y más a Ti en cada momento de mi día. Cuando me sienta atraída por los eventos de mi vida diaria y el mundo que me rodea quiera controlar mis pensamientos, mis caminos y mi vida, enséñame cómo mantenerme concentrada en Tu presencia.

No soy digna de la gracia que me ofreces cada día, especialmente cuando constantemente me alejo de Ti y luego vuelvo corriendo hacia Ti en mi día. Estoy muy agradecida de que Tú eres un Padre amoroso y cariñoso. Te agradezco hoy por la constante oportunidad de elegirte voluntaria y libremente.

Espíritu Santo, anhelo estar en Tu presencia. Lávame con Tu amor y límpiame de todas las tonterías que contaminan mi mente e interrumpen mi paz. Muéstrame cómo extraer de Tu agua viva la sabiduría y ármame con Tu fuerza. Prepárame hoy para la batalla, para derrotar todo lo que se me presente.

Perdóname, Padre, cuando en mi debilidad dejo que mi carne se haga cargo y no elijo Tu camino. Renueva mi espíritu para que pueda seguir solo Tu camino. Ya no quiero solo visitarte; ahora tengo hambre de permanecer completamente contigo. Enciende mi fe, Señor. Llena mi corazón para que pueda regocijarme en Tu gracia y misericordia.

Hoy, elijo vivir contigo, mi Creador, en Tu lugar. Gracias por extenderme Tu gracia y amor una y otra vez.

BUSCAR Y ESCRIBIR

Habite en Su sabiduría. Busque y sepa que Él es Dios. Escriba lo que escuche de Él y busque Su sabiduría en los siguientes versículos.

> Sé tú mi roca de refugio adonde pueda yo siempre acudir; da la orden de salvarme, porque tú eres mi roca, mi fortaleza. (Salmo 71:3)

> Una sola cosa le pido al Señor, y es lo único que persigo: habitar en la casa del Señor todos los días de mi vida para contemplar la hermosura del Señor y recrearme en su templo. Porque en el día de la aflicción él me resguardará en su morada; al amparo de su tabernáculo me protegerá, y me pondrá en alto, sobre una roca.
> (Salmo 27: 4-5)

> Ya que has puesto al Señor por tu refugio, al Altísimo por tu protección. (Salmo 91:9)

_____

_____

_____

6

Él es mi Gozo

En realidad, sin fe es imposible agradar a Dios, ya que cualquiera que se acerca a Dios tiene que creer que él existe y que recompensa a quienes lo buscan.

—Hebreos 11: 6

Entonces, ¿qué pasa conmigo y esta cosa de Gozo? Bueno, déjeme compartir un poco de cómo llegué a este lugar, un lugar al que no renunciaría por nada en este mundo. Mi viaje ha sido largo y las pruebas han sido difíciles, pero Dios ha estado en el centro de cada una.

Yo he creído en Su propósito, y Él me ha respondido. En Él he confiado, y por Su gracia, todavía estoy aquí. Hoy, estoy tan gozosa que los muros se han derrumbado al elegir inclinarme más y más cerca de Él.

Verá, Dios estuvo allí cuando lo busqué, durante los meses de radiación, después que me diagnosticaron el linfoma de Hodgkin. Cuando la enfermedad crónica quería robar mi Gozo, Dios me mostró cómo orar en los momentos difíciles y miserables.

Él me extendió la mano y me aferré por mi vida. Saqué de Él lo que no tenía dentro de mí. Él me puso en mente a mi hermosa madre, familia e hijo: ¡La lucha valdría la pena! Él permitió este viaje y lo único que yo tenía que seguir haciendo era creer, buscar y saber que Él tenía y siempre tendrá el control, sin importar cuán difícil sea el viaje .

Cuando intervino el divorcio, sentí que había fallado y el diablo quería llenar mi mente de mentiras, decidí creer en mi Rey. Elegí buscarlo. ¡Él me llenó con Su agua viva mientras yo pedía más de Él, y encontré Gozo en la lucha! Él me ha bendecido una y otra vez durante la tormenta, y cuando aprendí a rezar más fuerte, le pedí y le busqué más profundamente y le vi trabajar a través de las pérdidas conmigo.

Cuando mi madre sufrió cáncer y fue a morar con nuestro Rey a una edad tan temprana, Él me mostró Su Gozo a través de la sonrisa de mi madre, mientras ella se unía a Él en Su reino. ¡Oh cómo el Gozo y la paz llenaron mi corazón entonces y lo hace hoy cuando pienso en ella! ¡Qué Gozo, mi libélula!

Como he estado viviendo con dolores por una afección llamada "Fístulas" durante más de ocho años, todavía no puedo creer cómo mi corazón se regocija con Gozo después de múltiples cirugías creyendo y confiando cada vez más en mi Rey.

Hoy, créalo o no, ¡me siento lo más gozosa! Estoy muy agradecida de que el viaje y la caminata por los lugares oscuros me hayan llevado a Su hermosa luz. Realmente no sé cómo sucedió todo, pero oro que Ud. encuentre este Gozo con Él a través de lo que le esté pasando.

No se rinda a la prueba en la que se encuentre, y recuerde que Dios es intencional y tiene un plan. Continúe orando y crea en Él. Las pruebas no serán fáciles y no desaparecerán, pero será sorprendente cómo Su amor las cargará por Ud. y a través de Ud.

Todo lo que tiene que hacer es confiar en Su amor. El Gozo que experimentará se volverá contagioso.

ORAR

Padre, cómo te anhelo todos los días. Qué maravilloso es caminar en mis pruebas contigo. ¡Señor, todo lo que el diablo ha destinado para mal en mi vida, Tú lo has tomado y convertido en puro Gozo! Estoy creyendo, confiando y sabiendo que me verás a través de todo.

Enséñame a seguir corriendo hacia Tu agua viva que para mi corazón y mi cuerpo nunca se cansen. Ayúdame, Padre, a estar agradecida por lo que Tú me has hecho pasar. Acércame más y más a Ti, querido Señor. Que Tu amor esté donde yo habito cuando me sienta desesperada y derrotada.

Deseo que llenes cada momento de mi día con Tu presencia. Irradia en mí, Padre, mientras doy cada paso hacia adelante contigo. Ayúdame a tomar cada paso sosteniendo Tu mano. ¡No me sueltes!

Levántame, Padre, cuando caiga y abrázame cuando mi corazón se sienta agitado. ¡No puedo hacer esto sin Tí, Señor! Te doy la bienvenida a mi día como Mi Jehová Jireh (Mi proveedor), Mi El Olam (Dios eterno) y Mi El Shaddai (Señor Dios Todopoderoso). Busco Tu voluntad y propósito para mi vida. Como las circunstancias en mi vida parecen estar fuera de lugar y la vida parece demasiado difícil de sufrir, aquiétame para que pueda ver Tu perfecta e inmutable voluntad para mi vida. ¡Le doy la bienvenida a Tu Gozo, Tu camino en mi vida!

BUSCAR Y ESCRIBIR

¡Pase tiempo en su palabra y crea, busque y sepa que Él es Dios!

> Desde el cielo el Señor contempla a los mortales, para ver si hay alguien que sea sensato y busque a Dios. (Salmo 14:2)

> No añadan ni quiten palabra alguna a esto que yo les ordeno. Más bien, cumplan los mandamientos del Señor su Dios.
> (Deuteronomio 4:29)

> Más bien, busquen primeramente el reino de Dios y su justicia, y todas estas cosas les serán añadidas. (Mateo 6:33)

_____

_____

_____

_____

_____

_____

_____

_____

_____

_____

_____

_____

_____

_____

_____

_____

_____

_____

_____

_____

_____

_____

_____

_____

_____

_____

_____

_____

_____

7

Él es mi Espíritu

¡Dichosa tú que has creído, porque lo que el Señor te ha dicho se cumplirá!

—Lucas 1:45

¿De dónde viene su Gozo? ¿Cree que el Gozo es el deseo de Dios para Ud. todos los días?

¿Confía en que el Gozo de Dios es suficiente para llenar su espíritu?

Si es así, únase a mí para no permitir que nada le robe ese Gozo.

Juntas en oración busquemos el Gozo de Dios todas las mañanas, incluso cuando los días parecen imposibles. Comencemos nuestro día esperando y creyendo que TODAS Sus promesas han sido diseñadas por nuestro Padre celestial para nuestro Gozo en Él.

Hoy crea en la...

- Promesa que Él nos creó para estar sanos (Jeremías 30:17)

- Promesa que Él nos creó para ser prósperos (Mateo 6: 31-33)

- Promesa que Él nos creó para estar Gozosos cuando moramos en Su presencia (Marcos 11:24)

¿Se unirá a mí para buscar y creer en Su Gozo?

ORAR

Padre, hoy elijo Gozo, ¡Tu Gozo! Elijo encontrar Gozo en las maravillas de Tu creación. Elijo buscar Gozo cuando el camino frente a mí se vuelve complejo e imposible.

Hoy, Señor, llena mi corazón con Tu increíble Gozo para que no haya lugar para la tristeza. Elijo hoy creer que me creaste para ser alguien extraordinario, diseñada en Tu imagen con gran propósito. ¡Recuérdame y enséñame a no pedir más de lo que ya prometiste, sino a buscar y creer que ya es mío!

Ayúdame a esforzarme a vivir una vida completamente inmersa en Tu presencia para que las tonterías que creo en mi mente y en mi carne se alejen de mí, y que yo abrace sólo Tu paz. Ayúdame a mantenerme enfocada en el día que viene y dejar el pasado donde pertenece.

Señor, cuando caiga en esos malos hábitos para los que no me has diseñado, enséñame a rendirme a Tu Espíritu. Libérame de las mentiras que el diablo quiere que crea sobre mí.

Hoy creo que Tú, a través de mí, logras milagros con mis testimonios. Me postro ante Ti en oración y adoración para que el Gozo comience a llenar cada onza de mi cuerpo, y me convierta en la luz que brilla a los demás y muestre Tu rostro a diario.

BUSCAR Y ESCRIBIR

Haga una lista de algunas cosas que le llenan de Gozo. He agregado algunas páginas adicionales al final del devocional para que enumere todas las cosas por las que está agradecida. Confíe en mí. Esto le traerá Gozo.

_____

_____

_____

_____

_____

_____

_____

_____

_____

_____

_____

_____

8

Él es mi Proveedor

Yo soy la vid y ustedes son las ramas. El que perma-
nece en mí, como yo en él, dará mucho fruto; separa-
dos de mí no pueden ustedes hacer nada.

—Juan 15: 5

¿Tiene hambre? No, no por la comida que llena su cuerpo, sino por el alimento que llena su alma. ¿Se encuentra llena de mensajes en revistas, Facebook, Instagram, Twitter? ¿Cuán lleno está de estas fuentes?

Mientras me siento aquí contemplando dónde encontrar el alimento para alimentar mi alma, recuerdo lo vacía que me siento al final del día cuando no voy a la fuente, "Jesús, nuestra verdadera fuente de vida". Recuerdo también dónde he estado y desde dónde Él me ha traído, y estoy segura de que si no fuera por Su gracia y misericordia, no estaría donde estoy hoy, física, emocional y espiritualmente.

¿Sabía que Ud. es la rama y Él es la vid? ¡De aquí viene Su verdadero Gozo! Vivir y buscar su Gozo y paz depende de extraer de Él diariamente para que la vida tenga sentido.

Sé que lo hace para mí. ¿Qué hay de Ud.?

Cuando me encuentro que no he extraído de Él, me siento limitada, sin estar llena de satisfacción, como Él intentaba que yo fuera. Me encuentro marchitándome en la agitación de este mundo y alejándome de Aquel que da vida y promete vida eterna.

Ahora sé que para seguir adelante, empujando y creyendo, debo alimentarme con Su palabra y seguir orando y creyendo solo en Él. Cuando miro hacia atrás a todas las ocasiones en que podría haber caído en las trampas del diablo y ahogarme y marchitarme, estoy muy agradecida de que Él nos dió de Su Ser Propio para extraer la vida verdadera.

¿Sacará de la vid y orara para que Dios sea su proveedor?

ORAR

Hoy, Padre, caigo a Tus pies completamente agradecida por llevarme a este lugar de plenitud y Gozo contigo. Ayúdame a buscar Tu palabra hoy y pensar en todas las promesas que tienes para mí.

Señor, ahora sé que cuando me retiro de Tu vid, me canso y dejo entrar al diablo al lugar que Tú has diseñado específicamente para que habite Tu paz y Gozo.

Quiero seguir siendo alimentada por Ti. Deseo que seas el alimento que satisfaga mi alma. Señor, hoy quiero envolverme en todo lo que tienes para mí. Poda mis ramas y límpiame, Señor, de todas las cosas que necesito quitar para acercarme más y más a Ti.

Hoy quiero sacar de Ti para poder sobrevivir en medio de todas las tormentas que se me presenten. Recuérdame, Padre celestial, que aparte de Ti no puedo hacer nada.

Enséñame cómo reiniciar mi relación contigo para que pueda hacer el trabajo que has diseñado para mí.

Ayúdame a buscarte, conocerte y creer en Ti para que otros puedan ser bendecidos con este Gozo que me has enseñado a recibir a través de Tu palabra.

Padre, el mundo no puede llenar esos vacíos que las circunstancias de la vida han creado, pero Tu amor y Gozo pueden producir el fruto que ha sido diseñado para contar mi historia.

Señor, hoy quiero producir Tu fruto y quedarme siempre alimentándome de Tu vid. Ayúdame, Padre, a permanecer cerca de Ti.

BUSCAR Y ESCRIBIR

Pase tiempo en La Palabra y permita que Dios sea la vid que sostenga su Gozo y su paz en todos los días.

> Yo soy la vid y ustedes son las ramas. El que permanece en mí, como yo en él, dará mucho fruto; separados de mí no pueden ustedes hacer nada. (Juan 15:5)

> En cambio, el fruto del Espíritu es amor, alegría, paz, paciencia, amabilidad, bondad, fidelidad. (Gálatas 5:22)

¿Está afligido alguno entre ustedes? Que ore.
¿Está alguno de buen ánimo? Que cante alaban-
zas. (Santiago 5:13)

_____

_____

_____

_____

_____

_____

_____

_____

_____

_____

_____

_____

_____

_____

_____

_____

_____

_____

_____

_____

_____

_____

_____

_____

_____

_____

_____

_____

_____

_____

_____

_____

_____

_____

_____

_____

9

Él es mi Alivio

Pero los que confían en el Señor renovarán sus fuerzas volarán como las águilas: correrán y no se fatigarán, caminarán y no se cansarán.

—Isaías 40:31

Hay algo al estar en un avión que me hace sentir libre y totalmente segura en los brazos de Dios. No se puede correr a ningún lado o ni siquiera llamar a nadie. Él me vigila en este viaje y sonríe porque me ha dado poder para no rendirme.

Él me ha permitido crecer a través de este doloroso viaje y, aunque a veces le pido que me libere de esto, sé que Su voluntad es perfecta para mí. Así como confío en un piloto para que nos lleve sanos y salvos, tengo que confiar en la voluntad perfecta de Dios sin importar lo que digan los médicos.

No puedo perder la esperanza, y tengo que usar lo que he aprendido en las tormentas para bendecir a otros y glorificar Su nombre.

¿Cómo usará Ud. su viaje, sus dolores de crecimiento?

ORAR

Padre, ayúdame a verte en mi viaje. Un viaje diseñado específicamente por Ti para mi bien y para acercarme a Ti. Cuanto más entro en Tu camino, más Te conozco y entiendo por qué has permitido mis pruebas. (Eclesiastés 3:1)

Soy tan frágil, Padre, sin Ti. Fortaléceme en mis debilidades y abrázame cuando en carne viva yo tenga miedo. Consuélame con Tu palabra y lléname de Tu gracia.

Abba Padre, Te agradezco por elegirme para un momento como este (Lamentaciones 3:25-26). Por favor, ayúdame cuando simplemente quiera renunciar a todo (Proverbios 3:5-6). Deseo encontrarte en cada paso del camino, en los altibajos de todo.

Enséñame a aferrarme a la esperanza y sumergirme en Tu increíble palabra para que pueda crecer y estar lista para Tu reino.

BUSCAR Y ESCRIBIR

Mientras escriba esta semana, confíe en el viaje que Dios ha diseñado para Ud. Escriba todo lo que Dios comparta con usted en este momento.

_____

_____

_____

_____

_____

_____

_____

_____

_____

_____

_____

_____

_____

_____

_____

_____

_____

_____

_____

_____

_____

_____

_____

_____

10

Él es mi Corazón

*Pero que se alegren todos los que en ti buscan refu-
gio; ¡que canten siempre jubilosos! Extiéndeles tu
protección, y que en ti se regocijen todos los que
aman tu nombre.*

—Salmo 5:11

Mientras me siento en silencio buscando y deseando escuchar y conectarme con Dios, anhe-lando diariamente respuestas a mi salud, constantemente le escucho susurrar en mi oído: "¿Confiarás en mí con esto una y otra vez?"

En estos momentos, me recuerda mi deseo constante de querer tener el control, y lo rápido que olvido que Él tiene el control.

A medida que sigo caminando en mis problemas de salud con muchas incógnitas, mis experiencias me han enseñado a caminar fervientemente con Él y seguir confiando en Él. Quiero que mi corazón esté abierto a Su voluntad, no a mi confusión.

Estoy aprendiendo a elegir Gozo sobre el caos y rendirme a Su voluntad total para mi vida.

ORAR

Padre, en mis momentos de silencio, quiero escucharte. Quiero estar totalmente en Tu presencia y sentir que derramas Tu amor en mí.

Guíame hoy a Tu propósito. No permitas que pierda mi confianza en Ti y sea impaciente en mis circunstancias. Enséñame cómo mantenerme de Tu poder y fuerza (Salmo 84:5-7). Dame el poder para representarte, incluso en las tormentas (2 Crónicas 16:9). Mientras las tormentas me ciegan, abre mis ojos y despeja mi camino para que pueda seguir caminando de Tu mano, aun en mis circunstancias.

¡Señor, no solo quiero confiar en Ti en mi lucha, sino que quiero caer en Tus brazos y soltar el control al único Ser que puede (Salmo 5:11)! Quiero estar en un lugar de franqueza contigo, Padre, donde moras en mi corazón, y constantemente elijo el Gozo sobre mi confusión.

Te elijo en mi corazón hoy sobre todo lo demás.

BUSCAR Y ESCRIBIR

Permita que Dios tome sus luchas hoy, escríbalas y deje que Él las tome por completo. ¿Qué le está pidiendo Dios que deje ir hoy?

_____

_____

_____

_____

_____

_____

_____

_____

_____

_____

_____

_____

_____

_____

_____

_____

_____

_____

_____

_____

_____

_____

_____

11

Él es mi Salvación

Crea en mí, oh Dios, un corazón limpio, y renueva la firmeza de mi espíritu.

—Salmo 51:10

A veces, trato de imaginar cómo se ve realmente el amor de Dios por mí, y el pensamiento abruma y ahoga mi alma. Él me ama, no importa cuantas veces le falle, no importa cuantas veces tropiece. Con el tiempo, en mis pruebas, veo Sus manos extendidas, esperando ser restaurada con Su amor.

Sé en el fondo de mi corazón que cuando elijo Su mano y le permito que lleve mis cargas, Él me ayuda y el dolor es más fácil de soportar. Entonces, ¿por qué, Señor, sigo cayendo en la misma trampa?

¿Alguna vez se ha hecho esta pregunta cuando intenta llevar a cabo todas sus cargas por su cuenta?

Hoy estoy decidida a no rendirme. Elijo encontrarme con Él cada vez, sabiendo que Él es mi roca y mi salvación.

Únase a mí para ofrecerle sus luchas, sus cargas a Él, y aceptar Su amor y guía en su corazón.

ORAR

Señor, toma mi corazón hoy. Cierro la puerta a la confusión y abro la puerta a Tu Espíritu amoroso. Elijo dejarte entrar para que puedas cubrir las cicatrices y moretones en mi corazón con Tu alegría, amor, y paz. Ya no quiero sentirme agotada al final de mis días. Quiero alegrarme de conocerte completamente. ¿Podrías, Padre, entrar en mi corazón y permitirme morar completamente en Tu renovación y restauración de mi alma?

Corro hacia Ti y coloco mis cargas y luchas a Tus pies. Ayúdame a llevarlos, Padre, para que pueda ser libre para adorarte y conocerte mejor hoy. Anhelo entregártelas de una vez por todas.

Quiero vivir hoy en la bondad de Tus promesas para mi vida. Moldea en mí un corazón completo con Tu amor. Estréchame durante mis pruebas y lléname de Tu gracia.

Derrama Tu amor en mi corazón como agua corriente limpia para que yo pueda derramar amor a quienes me rodean como Tú quieres que haga.

¡Cámbiame, Dios, hazme a Tu imagen!

Ayúdame hoy a conformarme con Tus caminos, para que pueda liberarme de los ciclos viciosos que quieren robar mi Gozo todos los días. Quiero que mi corazón sea libre y se regocije en el amor que me ofreces gratuitamente cada día.

Te dejo entrar, Padre, en cada parte de mí. Por favor cámbiame, cambia mis acciones y deja que sean un reflejo de Ti.

Necesito que mores y estés en mi corazón hoy, Señor.

BUSCAR Y ESCRIBIR

Pase tiempo en Su Palabra y deje que Él comience a renovar su corazón y llevar sus cargas.

> No se inquieten por nada; más bien, en toda ocasión, con oración y ruego, presenten sus peticiones a Dios y denle gracias. Y la paz de Dios, que sobrepasa todo entendimiento, cuidará sus corazones y sus pensamientos en Cristo Jesús. (Filipenses 4:6-7)

> Podrán desfallecer mi cuerpo y mi espíritu, pero Dios fortalece mi corazón; él es mi herencia eterna. (Salmo 73:26)

> Confía en el Señor de todo corazón y no en tu propia inteligencia. Reconócelo en todos tus caminos, y él allanará tus sendas.
> (Proverbios 3:5-6)

_____

_____

_____

_____

_____

_____

_____

12

Él es mi Consolador

Pero que todos los que te buscan se alegren en ti y se regocijen; que los que aman tu salvación digan siempre: ¡Sea Dios exaltado!

—Salmo 70:4

¿Alguna vez ha estado en una situación en la que su nivel de ansiedad estaba por las nubes? Bueno, pudo ser uno de esos días cuando la oración de hoy llegó a mí en un viaje de avión que iba con mi esposo.

Estábamos visitando médicos, y la noticia no era muy buena: más cirugías, más viajes y más tiempo fuera del trabajo viviendo en hoteles. Mi esposo, que normalmente es una persona equilibrada durante estos eventos, estaba un poco molesto por nuestra situación de vuelo y preocupado por el dolor que yo sentía.

Entonces, aquí nos encontramos en un vuelo abarrotado y lleno de gente, sentados en la parte trasera del avión, y Dios nos vio y dejó un asiento vacío en nuestra fila porque sabía la prueba por la que habíamos pasado.

Aunque mis batallas médicas no terminan, Dios nos mostró una bendición por el asiento abierto que nos dio espacio para movernos en un vuelo de cinco horas. Verá Ud., Él sabía lo que necesitábamos y yo necesitaba ver a Dios en las pequeñas victorias. Él nos recordó que estuvo allí durante esa tormenta.

¡Quién hubiera pensado que un asiento abierto causara tanto Gozo!

ORAR

Señor, hoy elijo Tu Gozo. Elijo concentrarme en las pequeñas victorias, las victorias que me recuerdan que estás ahí conmigo todo el tiempo. Cuando mi cuerpo puede moverse, elijo regocijarme. Cuando mis piernas pueden caminar y mis brazos se pueden mover, me regocijo sabiendo que solo Tú lo has permitido.

Padre, no puedo ver la obra maestra final ni imaginar la magnificencia de Tu producto final en mí, ¡pero hoy elijo regocijarme sabiendo que me tienes en Tus manos!

Cada pedacito de mí pertenece solo a Ti. Me recuerdas constantemente cuando yo quiero tomar control de cada momento; solo Tú eres el Padre Abba. Eres el principio y el fin.

Sabes el lugar exacto donde pertenezco; Tú tienes control de mi.

Todo lo que me pides es amarte, creerte y buscarte, Señor. Entonces, hoy Señor, ¡te elijo! Elijo alegrarme cuando yo no puedo pero Tú sí puedes.

Elijo alegrarme cuando me caigo y Tú estás allí para soportarme. Elijo alegrarme cuando mi corazón late y Tú me permites otro día.

Elijo alegrarme y aprender a través de las pruebas, los dolores y por todo esto porque me elegiste para un momento como este.

Entonces, una vez más, elijo no entrometerme en Tu camino y esperar pacientemente Tu tiempo. Elijo centrarme en pequeñas victorias. Elijo Gozo porque Tú nos lo regalas y me libera de llevar la pesadez por mi cuenta.

Te elijo, MI CONSOLADOR, y pongo todo a Tus pies, sabiendo y creyendo que solo Tú conoces la moldura y la configuración que tomará para que este producto esté listo para Tu reino.

Gracias, Padre, por presentarte en un asiento abierto.

BUSCAR Y ESCRIBIR

¿Está lista para regocijarse hoy? Haga una lista de todas sus pequeñas victorias. ¿Cuál fue su momento de "asiento abierto"?

_____

_____

_____

_____

_____

_____

_____

_____

13

Él es mis Emociones

Una voz proclama: Preparen en el desierto un camino para el Señor; enderecen en la estepa un sendero para nuestro Dios.

—Isaías 40:3

¿Alguna vez se ha enojado y no puede dejarlo ir? ¿Necesita respuestas, disculpas, explicaciones antes que pueda liberarse de las cadenas que ha permitido engancharle?

Sí, esa sería yo sin duda. Entro en ese estado de emociones y parece que no puedo encontrar una salida por mi propia cuenta. No puedo dormir, mi cabeza comienza a sentir que tiene una roca encima y mi día comienza lentamente a caer en picado.

Lo sé en mi carne, y en mi cabeza, que nunca saldré de este estado. Entonces, voy a Aquél que me conoce a profundidad antes de que el desorden y las cadenas me envuelvan. Voy a Su palabra y oro, oro, oro para que Dios me ayude a verle en las situaciones. Podría llevarme días en esto pero, aun así, no me rindo.

En su tormenta de hoy, encuentre Su paz, amor y Gozo, y elíjalo sobre su desastre.

ORAR

Señor, necesito ver las cosas desde Tu perspectiva. Deseo en lo más profundo de mi corazón ser cada vez más como Tú y salir de mi cabeza cuando las cosas no salen según lo planeado.

Quédate cerca de mí en el caos. Enséñame a soltar esas emociones y dejar que me llenes de perdón y paz en las tormentas. Quiero caer en Tus manos y ser consumida por Tu sabiduría en estos momentos en que mis emociones no me dejan crecer (Proverbios 1:7).

Llévame del desierto, donde las malas hierbas me consumen a diario, y muéstrame un camino despejado (Isaías 40:3-5).

Padre, sé que eres un buen padre, mira lo lejos que me has llevado de mis dolores (Isaías 64:8). Quiero continuar siendo restaurada por Ti y Tu bondad.

¡Envuélvete a mí y llena mi corazón con Tu amor hoy!

BUSCAR Y ESCRIBIR

Escriba su propia oración en su diario. Comience con "Señor, gracias por... "

_____

_____

_____

_____

_____

_____

_____

_____

_____

_____

_____

_____

_____

_____

_____

_____

_____

_____

_____

_____

_____

_____

_____

_____

_____

_____

_____

14

Él es mi Vida

Dios es nuestro amparo y nuestra fortaleza, nuestra ayuda segura en momentos de angustia.

—Salmo 46:1

¿Alguna vez ha planeado que su semana salga bien y todo iba bien hasta que algo inesperado llegó y le arruinó toda la semana? Tal vez, fueron largas horas en el trabajo. Un niño enfermo que de repente tuvo que recoger en la escuela. Un padre enfermo al que tenía que atender. O tal vez se resfrió y no pudo avanzar con su lista de tareas pendientes.

Estoy segura de que le ha sucedido a la mayoría de ustedes porque parece que me sucede con bastante frecuencia. A menudo miro hacia arriba y digo: "Está bien, Dios, yo lo entiendo. Solo necesito preocuparme por el ahora y dejar que Tú manejes el mañana, ya que el mañana no está garantizado a ninguno de nosotros". Es durante estas semanas y días, cuando todo ha ido en la dirección opuesta a lo que planeé, me alegro de que mi vida esté en Sus manos.

¡Él puede tomar todo este desastre y convertirlo en Su Gozo!

Él puede traer lo bueno de lo que yo veo como malo y darme paz hasta que la tormenta se calme.

ORAR

Padre, estoy muy agradecida que mi vida Te pertenezca por completo. Te doy mis horas, días y semanas. Ayúdame a planear mi horario pensando en Ti todo el tiempo (Lucas 12:22-26).

Enséñame a superar las emociones que me mantienen estresada y me llevan a mis lugares desordenados. Hazte cargo, quiero tomarme el tiempo para estar completamente inmersa en Tu palabra, para poder escuchar Tu voz de guía.

Tu palabra dice claramente que no debemos aferrarnos a nuestros planes, ya que el mañana no está garantizado. Ayúdame a recordar esto mientras creo mi lista de tareas. Te doy todas las áreas de mi vida, Espíritu Santo (Jeremías 29:11).

Quiero dar cada paso contigo, Padre. Me regocijo en Ti, deseo estar cerca de Ti y nunca perder de vista Tu amor (Salmo 94:19).

Gracias una vez más por elegirme para ser tuya.

BUSCAR Y ESCRIBIR

Recuerda no pensar demasiado lejos. Dios tiene el control total. Dele a Dios su lista de tareas pendientes.

_____

_____

_____

_____

_____

_____

_____

_____

_____

_____

_____

_____

_____

_____

_____

_____

_____

_____

_____

_____

15

Él es mi Historia

Levántate y resplandece, que tu luz ha llegado! ¡La gloria del Señor brilla sobre ti!

—Isaías 60:1

Dios me avivó hoy mientras estaba escuchando a nuestro pastor hablar acerca de individuos compartir su historia. Tiendo a no querer detenerme en mi historia, pero sí más en la alegría que encuentro cuando le doy a Dios mi dolor y mis luchas. No soy de los que realmente les gusta llamar la atención sobre los detalles de su salud. Sin embargo, Dios sigue diciéndome que mi historia tiene un propósito y que debo compartirla para ayudar a otros que necesitan ver qué Él está haciendo — y qué va a hacer — a través de ella.

No estoy aquí para engañarle o ser héroe de nadie. ¡Yo no soy nada de eso! Mi vida sigue siendo imperfecta, desordenada e imposible algunos días. Días como el de ayer, cuando en medio de un día que mi salud estaba muy mal, tuve que llorar, tomar una respiración profunda y decir,

"Dios, prometiste algo bueno de esto". Entonces, con Él como mi fuerza, ¡me levanté y volví a seguir adelante!

Días como estos son difíciles para mí y mi familia. Mi salud ha afectado muchas áreas de mi vida, cosa que no puedo sentarme y pretender que no pasan. Dios continúa recordándome que no desperdiciará mi dolor.

Dios está observando, incluso mientras disminuyo emocional y físicamente en mis propias fuerzas y, aunque es posible que no pueda verlo en este momento o comprenderlo, Su bondad sigue apareciendo en la oscuridad; oro para que Su propósito y voluntad se logren a través de mi.

¿Cual es su historia? ¿A quién puede bendecir con su historia hoy?

ORAR

Se el autor de mi historia de hoy. Padre, permite que de mi historia las palabras y todo su contenido sean para mi bien y Tu gloria. Respira vida en mi alma y energiza mi espíritu (Mateo 5:6).

Inspírame a través de Tu palabra para ser sincera con mi historia, para compartir con aquellos que necesitan verte y ver Tu bondad. Continúa llevándome a Tu lugar de Gozo y complétame con Tu amor.

Espíritu Santo, cuando mi carne esté tan débil y yo esté lista para rendirme, enséñame a permanecer inmersa en Ti (Romanos 8:26).

Quiero vivir entera en Tu presencia para que mi historia y sus páginas incluyan todo lo que has diseñado solo para mí. Enséñame a ser la luz en la vida de alguien a través de este increíble viaje en el que me has puesto (Efesios 5:7-8).

¡Gracias por usarme y confiar en esta, Tu historia!

BUSCAR Y ESCRIBIR

Anote su historia y ore por quién pueda ser bendecida al leerla. Dios está allí con Ud. y le ama mucho.

_____

_____

_____

_____

_____

_____

_____

_____

_____

_____

_____

_____

_____

_____

_____

_____

16

Él es mi Foco

Así, todos nosotros, que con el rostro descubierto re-
flejamos[a] como en un espejo la gloria del Señor, so-
mos transformados a su semejanza con más y más
gloria por la acción del Señor, que es el Espíritu.

—2 Corintios 3:18

A medida que mi viaje continúa y las páginas de mi historia se llenan rápidamente, ¿permito que mis páginas se llenen de mis emociones, de lo que dicen los médicos, o confío completamente en la voluntad y el plan de Dios para mi vida?

Mientras lucho yendo y viniendo con la decisión, sé que escuchar a Dios y permitirle que haga Su trabajo a través de mis circunstancias me llenará de la máxima alegría que busco a diario.

Hoy, mientras me esfuerzo en las muchas áreas abrumadoras de mi vida, elijo a Dios sobre mi caos. Me mantengo enfocada en Su plan, no en los médicos o en lo que el mundo dice que anda mal conmigo. No importa lo que digan los síntomas o los informes médicos, ¡Dios estará allí y hoy eso es todo lo que puedo creer y defender! La alternativa me causa demasiado estrés.

Entonces, ¿confiará en Él con su historia y le permitirá ser parte de la escritura en sus páginas hoy?

ORAR

Padre, hoy, mientras Te busco en Tu palabra, estoy muy agradecida por mi historia que fue exclusivamente diseñada por Ti. Gracias por demostrar bondades en mi vida y por darme la libertad de llevar estos problemas por mi cuenta.

Ayúdame a darme cuenta de que cada momento que sucede es parte de Tu plan perfecto para mi vida. Moldeame a Tu imagen para que puedas completar Tu plan.

Mantenme enfocada en Tus promesas y guíame por los caminos llenos de baches. Mantén mi corazón y mi espíritu conectados con las promesas que tienes elaboradas tan solo para mí.

Enséñame a crecer en mi fe para que Tú seas más grande que mis circunstancias, y yo pueda ser una luz cuando me enfrente a la oscuridad.

Deja que Tu amor me llene de ese Gozo que solo viene de conocerte íntimamente. Pongo todas mis páginas a Tus pies creyendo y sabiendo que solo Tú tienes el control total.

BUSCAR Y ESCRIBIR

Permita que Dios sea el autor de su historia. ¿Qué le está pidiendo Dios que comparta para alentar a los demás?

"Porque yo sé muy bien los planes que tengo para ustedes —afirma el Señor—, planes de bienestar y no de calamidad, a fin de darles un futuro y una esperanza". (Jeremías 29:11)

"Esto es bueno y agradable a Dios nuestro Salvador, pues él quiere que todos sean salvos y lleguen a conocer la verdad". (1 Timoteo 2:3-4)

"...den gracias a Dios en toda situación, porque esta es su voluntad para ustedes en Cristo Jesús". (1 Tesalonicenses 5:18)

_____

_____

_____

_____

_____

_____

_____

_____

_____

_____

_____

17

Él es mi Aliento

*A pesar de todo, Señor, tú eres nuestro Padre; noso-
tros somos el barro, y tú el alfarero. Todos somos
obra de tu mano.*

—Isaías 64:8

¿Le ha dolido tanto el corazón que cuestiona el propósito de Dios para su vida? ¿Se ha roto su corazón en algún momento por los resultados de un informe médico sobre su salud, las palabras o acciones de un niño o adolescente hacia usted, el comentario hiriente de un cónyuge? ¿Le ha dejado sin aliento una pérdida inesperada?

Me he quedado sin aliento muchas veces en muchas luchas. A veces, realmente siento que no podría pasar otro día en toda esta locura. Después de la rabieta, el llanto y los gritos, me encontré con el mismo Dios, cara a cara con el único que constantemente me saca de la oscuridad.

Él todavía está allí. Él sigue siendo Dios. Él está esperando pacientemente para cubrirme con Su gracia y derramar Su amor en mi alma sustituyendo el dolor.

Mientras estoy en los lugares dolorosos, a menudo extraño la luz pero, cuando miro a Dios y lo elijo, el Gozo y la sabiduría vuelven a ser indescriptibles.

ORAR

Espíritu Santo, entra en mi corazón hoy. ¡Reemplaza el dolor con Tu Gozo! Consuélame y lléname en este momento con Tu amor incondicional para que yo pueda cumplir con Tus planes y ser todo lo que has diseñado mientras yo esté aquí en la tierra.

Anhelo reemplazar mis momentos dolorosos contigo, Señor. Cumple Tu voluntad y promesas a través de mis circunstancias. Enséñame cómo soltarlo todo y respirar contigo.

Ayúdame a dejar de abrir esas puertas que me atrapan y correr contigo hacia Tu luz en tiempos de oscuridad. Lávame blanca como la nieve y renueva mi alma para que pueda obtener la sabiduría que solo puedo obtener cuando Te busco.

Déjame vivir contigo como mi creador, alfarero y autor de esta historia. Deseo ser una manifestación de Tu perfecta voluntad.

BUSCAR Y ESCRIBIR

¿Con qué está luchando hoy?

Sepa que Él le ama incondicionalmente.
(1 Crónicas 16:34)

¡Sepa que Él es el alfarero de esta gran obra maestra que es Ud.! (Isaías 64:8)

18

Él es mi Verdad

Yo les he dicho estas cosas para que en mí hallen paz. En este mundo afrontarán aflicciones, pero ¡anímense! Yo he vencido al mundo.

—Juan 16:33

¿Qué sé con certeza durante mis tormentas? Mi Dios nunca me ha abandonado y nunca lo hará. Aprendí esto repetidas veces y, cuando quería rendirme, Él apareció.

Aprendí a liberarme de todo y apoyarme totalmente de mi Rey. Cuando esas voces en mi cabeza intentan mantenerme en un estado de caos, me vuelvo hacia el Ser que me ama. Cuando mis emociones comienzan a tomar el control, sé que he soltado las manos de mi Salvador y estoy sóla en mi carne. Atrapada y desordenada, ya no elijo Su Gozo.

Elegir Su Gozo y permanecer en Su palabra son las claves que quiero seguir usando para desbloquear las puertas en mi corazón para poder estar con Él.

¿Y Ud., no?

Este viaje no fue hecho para caminarlo a solas, sino mano a mano con Él.

ORAR

Señor, estoy tan agradecida de que me hayas elegido para amar, que me hayas dado la capacidad de elegirte y pelear estas batallas contigo. Padre, cuando me pierdo en mis caminos y mi carne quiere ganar, llévame a Tu palabra y hazme un ser completo.

La verdad es que eres eterno, nunca fallas y siempre estás listo para darme otra oportunidad. Estoy eternamente agradecida por esto.

Mi Gozo es mayor cuando estoy conectada a Ti.

No quiero seguir peleando estas batallas en la carne sino con Tu palabra y en Tus promesas. Quiero alegrarme en la sabiduría y el conocimiento que obtengo en mis luchas, no ahogándome y rindiéndome en mis circunstancias.

Has elegido un momento como este para permitir que las cosas grandes y las pruebas sucedan en mi vida. Enséñame a usarlo todo para Tu gloria.

Anhelo vivir en Tus verdades y Tu amor, y elegir Gozo sabiendo que cada día en Tu presencia es un regalo por el que vale la pena luchar.

Gracias, Padre, por no soltarme, incluso cuando yo misma lo hago.

BUSCAR Y ESCRIBIR

Cuando las batallas comiencen a apoderarse de sus emociones, luche tomando la mano de Dios y usando Su palabra. Escriba sus batallas hoy y libérelas a su Rey.

Porque nuestra lucha no es contra seres humanos, sino contra poderes, contra autoridades, contra potestades que dominan este mundo de tinieblas, contra fuerzas espirituales malignas en las regiones celestiales. (Efesios 6:12)

_____

_____

_____

_____

_____

_____

_____

_____

_____

_____

_____

_____

_____

_____

_____

_____

19

Él es mi Amor

Den gracias al Señor, porque él es bueno; su gran
amor perdura para siempre.

—Salmo 136:1

¿Alguna vez ha tomado un momento para pensar en cuánto Dios realmente le ama? A menudo lo hago, y estoy segura de que mis pruebas y luchas tuvieron algo que ver con eso. Ha sido en esos lugares tan duros que le he llamado más y me he rendido más a Su voluntad.

Me recuerda a mi hijo e hija, mayores de 18 años y adultos, que corren hacia mí cuando más lo necesitan. Mi hija, por ejemplo, tenía un gran dolor de estómago y estaba a unos cuarenta y cinco minutos en coche de casa y ¿adivine a quién llamó? Así es: a mamá.

Aunque estaba agradecida por su llamada, yo desearía que me dijera cuánto me extraña, me aprecia y me quiere, y esto me hizo pensar. Oh, ¿cuánto quisiera nuestro Señor esto de mí también? Él siempre está allí, listo para ayudar, nunca falla, solo esperando que yo le ame.

¿Qué tan asombroso es Él? Él me ama tanto que está disponible para mí todo el día y me da la opción de buscarlo y adorarlo. ¡Cómo oro para ser obediente a Su llamado pero no solo cuando lo necesito!

Entonces, hoy, mientras me siento en mi lugar de Gozo, aprecio las pruebas que continúan mostrándome cuán grande realmente es Su amor cuando lo busco y lo encuentro.

¿Qué hay de Ud.?

ORAR

Muy agradecida de ser tuya hoy, Señor. ¿Cómo puedo complacerte? ¿Cómo puedo darle gloria a Tu nombre?

Tú das, das y das a diario con la esperanza de mi amor y adoración hacia Ti. Esperas pacientemente y nunca Te rindes conmigo. ¡Cómo anhelo hoy caer a Tus pies y confiar en todo lo que deseas para mí!

Abba Padre, quiero sentarme quieta e invocar Tu nombre y agradecerte por Tu amor y protección cuando no pude ver que eras Tú. Perdóname, Padre, esos momentos en que Te aparté y pensé que tenía el poder de lograr cosas que solo Tú podrías hacer por mí.

Lo siento, Padre, para correr delante de Ti cuando Tu plan para mi vida es tan perfecto, y Tus promesas para mí son tan buenas. Hoy vuelvo corriendo hacia Ti y dejo todo a Tus pies. Quiero que el deseo de mi corazón giré en torno a Ti. Quiero complacerte hoy con mis acciones.

Mantenme arraigada en Tu palabra y ayúdame con mis hábitos egoístas.

Él es mi Amor

BUSCAR Y ESCRIBIR

Mientras se sienta en su lugar de Gozo, lea el Salmo 136 y haga una lista de todas las cosas por las que está agradecida a Dios. Escríbalo. Él siempre está escuchando.

_____

_____

_____

_____

_____

_____

_____

_____

_____

_____

_____

_____

_____

_____

_____

_____

20

Él es mi Descanso

Solo en Dios halla descanso mi alma; de él viene mi salvación. Solo él es mi roca y mi salvación; él es mi protector. ¡Jamás habré de caer!

—Salmo 62:1-2

¿Con qué está luchando hoy? ¿Lo ha puesto todo a los pies de Jesús?

Tan fácil de preguntar y decir, ¿verdad? Sé que cuando empiezo a sentir tensión muscular alrededor de la nuca, y mis pensamientos y preocupaciones me llevan a un lugar de inquietud, estoy luchando y no entregándoselo a quien me ha amparado desde el principio.

La negatividad comienza a introducirse en las cosas que digo, y olvido quién está escuchando y tomando notas con atención para usarla contra mí o destruirme por completo. ¡El mismo Satanás!

Olvidé que el mismo Dios que me sacó del cáncer y el divorcio sigue siendo el mismo Dios que me da soporte a través de numerosas cirugías. El mismo Dios que me llena de fuerzas para aceptar y seguir adelante con mi colostomía.

¡Guau! Y todavía trato de llevar las cosas por mi cuenta, incluso después de todas las batallas que Él ha luchado y ha ganado por mí.

Tuve el placer de ver a Nick Vujicic en vivo en Calvary Chapel, Fort Lauderdale. ¿Puedo decir, increíble? Él estaba ardiendo por Jesús, usando totalmente su historia para el propósito divino de Dios. Lo que escuché de Dios y aprendí de Él fue: "Dios no está en el negocio de desperdiciar mi dolor, mi testimonio. Mi historia fue hecha por Dios, no yo".

Mientras sigo luchando en esta batalla de salud, me niego a desperdiciar la historia de Dios en mí. Entonces, rezaré, buscaré, escribiré un diario y compartiré porque Él no solo está vigilando sino esperando grandes cosas de mí. Yo voy a seguir presionando porque mi testimonio le pertenece a Él. Su plan es mucho más grande que cualquier cosa que yo pueda ver.

Hoy, sepa que su testimonio es historia de Dios y puede bendecir a alguien que lo escucha. Dios le dará las fuerzas.

Él lo ha hecho por mí.

ORAR

Señor, he visto las cosas increíbles que has hecho conmigo en mi caos y mis luchas. He visto las obras de Tus manos en mi (llene este espacio en blanco). Hoy, sé que Tu deseo es que yo confíe en Ti y que Te conozca. Estoy aquí, Padre, ayúdame a superar mis tormentas.

Quiero creer todo lo que tienes para mí. Ayúdame en mis momentos de incredulidad. Muéstrame cómo caminar contigo en oración cuando yo quiera recoger las piezas del caos e intente manejarlo por mi cuenta. Ya no quiero seguir en círculos, terminando en el mismo lugar, olvidando que eres mi fortaleza, mi roca y mi salvación.

El deseo de mi corazón es encontrar descanso y alegría solo en Ti. ¡Toma mis problemas y muéstrame cómo hacer esto continuamente contigo!

BUSCAR Y ESCRIBIR

¿En qué área de su vida se encuentra estresada? Escriba esto abajo y hable con Dios al respecto. Entréguelo a Él y mire cómo Él hace milagros.

21

Él es mi Fuerza

¿Acaso no lo sabes? ¿Acaso no te has enterado? El Señor es el Dios eterno, creador de los confines de la tierra. No se cansa ni se fatiga, y su inteligencia es insondable. Él fortalece al cansado y acrecienta las fuerzas del débil. Aun los jóvenes se cansan, se fatigan, y los muchachos tropiezan y caen; pero los que confían en el Señor renovarán sus fuerzas; volarán como las águilas: correrán y no se fatigarán, caminarán y no se cansarán.

—Isaías 40: 28-31

De hecho, tuve una semana completa de sentirme casi normal (lo que sea que eso signifique) en mi cuerpo. Me despertaba cada mañana y realmente daba mis circunstancias al único que tiene control sobre los altibajos de mi salud. ¡Se lo di a mi creador que sabe TODO sobre mí!

Me fortaleció de adentro hacia afuera y me dio las energías que necesitaba. Fue impresionante sentirme bien —

algo que no tomo a la ligera ni menosprecio. Estoy tan agradecida de que en los días buenos, cuando puedo olvidarme de Sus milagros, puedo ver Su obra en mí y experimentarlo en todo lo que yo puedo lograr.

Sé que caminar y confiar que Él tiene el control me ha liberado de la carga que trato de llevar a diario. Sé que incluso cuando mi cuerpo se debilita y mi mente se sienta abrumada, voy a seguir creyendo en Su fuerza y voluntad en mí.

Por lo tanto, hoy, no importa lo que esté pasando, recuerde los días buenos y sea fortalecida por todo lo que Él ha hecho por usted.

ORAR

Padre celestial, gracias por las promesas que viven en Tu palabra. Te agradezco mucho que no Te canses de mí y de mis peticiones diarias. Gracias por cuidarme, protegerme y fortalecerme en mi debilidad.

Cuando mi cuerpo y mente se cansan, me regocijo porque puedo sacar de Tu pozo bastante Gozo para renovarme y restaurarme diariamente.

Señor, eres tan bueno conmigo. Gracias por los buenos días que me llenan de sabiduría y fuerza para combatir los malos días. Renueva mi fe y agita mi corazón con Tu amor.

BUSCAR Y ESCRIBIR

Lea Isaías 40:28-31. ¿Qué oye que Dios le dice?

_____

_____

22

Él es mi Luz

Una vez más Jesús se dirigió a la gente, y les dijo:
—Yo soy la luz del mundo. El que me sigue no an-
dará en tinieblas, sino que tendrá la luz de la vida.

—Juan 8:12

Tengo una confesión que hacer. No soy perfecta. ¿Conmocionada? Lo sé. Siento decepcionarla. A veces, pongo una cara para que nadie pueda ver esas partes oscuras en mí. Ya ve, he luchado mucho con algunas cosas.

Ahora, no juzgue. Esto es una confesión. He luchado con tiempos en enojo y tiempos en silencio con los que más amo. He vivido en silencio muchos días miserables sólo diciendo cosas y palabras que estoy segura no debería haber ni pensado. En ese silencio, estaba atascada en una caja oscura. Allí pude escuchar la voz de Dios diciéndome, "Desiree, no vas a poder arreglar esto en tu caja. Sal y entrégamelo". Pero en la verdadera forma y terquedad de Desireé, me encontré una y otra vez alejándome de Su voz, cayendo más profundamente en mi caja, a veces durante horas y a veces durante días, con mi cabeza dando vueltas completas con lo que puedo lograr por mi cuenta, y descartando lo que Dios puede hacer a través de todo esto.

En esos momentos tuve problemas con hasta aceptar Su verdad, Su luz, y Su camino. La pesadez simplemente no me dejaba quitar esas cubiertas de mis ojos y ver Su luz.

Entonces, ¿por qué estoy compartiendo esto? Quiero que sepa que solo gracias a Él pude salir de esa caja oscura. He pasado innumerables horas con maravillosos guerreros de oración que Dios me ha enviado y he orado muchos días sola para que Dios se haga cargo.

Es aquí, en mis imperfecciones y tiempos de oscuridad, donde experimenté la verdadera luz de Dios. Su verdad y Su luz me han colmado de una paz que solo puedo compartir aquí con palabras.

Hoy, podría salir arrastrándome de la caja oscura, pero me salgo. Su luz me ha permitido cambiar mis formas y reflexionar más sobre lo que Él puede hacer en esos momentos de enojo en vez de lo que yo puedo hacer. Me mantengo fija en Su palabra y la luz que Él me ofrece a diario. Lo busco y me mantengo cerca de Él en mis pensamientos y en la locura en mi cabeza. Ya no me siento atrapada donde Satanás le encantaría retenerme. Cuando cosas que no deberían entrar en mi cabeza empiezan a salir por mi boca, me alejo de la caja oscura y hacia Su asombrosa luz y Su gracia porque, sin Él, mis luchas consumirian a mí y a quienes me rodean.

ORAR

Padre, hoy quiero vivir como Tu hija de la luz. Suavízame, renuévame y restáurame en mis tiempos de oscuridad. Solo Tú conoces mis defectos y lugares feos y sabes los planes que tienes para mí durante estos momentos que no son nada preciosos.

Señor, expone todo lo que necesites que se ajuste en mí y saca a la luz lo que me mantiene en la oscuridad. Gracias por elegirme para verte en Tu grandeza.

Continúa alejándome de esos momentos que nublan mi visión y me alejan de verte a Ti y Tus planes para mí. Reemplaza mi terquedad con Tu amor, y concédeme Tu paz para que pueda ser más y más como Tú.

Padre, enséñame a concentrarme en Tu fuerza, no en la mía; Tu control, no en el mío. Recuérdame que si no puedo manejar mi próximo aliento, entonces, ¿cómo puedo controlar otras cosas? Tú eres el lugar al que debería ir cada vez. Ayúdame, Señor, a hacer esto en cada momento de mi día. Solo Tu, Padre, me permites la vida. Quiero pasar esta semana viéndote en todas mis circunstancias, dándote todo lo que no puedo cambiar.

¡Gracias, Señor, por ser mi luz y brillar Tu amor sobre mí una y otra vez!

BUSCAR Y ESCRIBIR

Crea en la luz de Dios y dele todas sus tormentas. Escríbalas todas y ore, ore, ore.

> Hagan brillar su luz delante de todos, para que ellos puedan ver las buenas obras de ustedes y alaben al Padre que está en el cielo. (Mateo 5:16)

Porque tanto amó Dios al mundo que dio a su Hijo unigénito, para que todo el que cree en él no se pierda, sino que tenga vida eterna.
(Juan 3:16)

_____

_____

_____

_____

_____

_____

_____

_____

_____

_____

_____

_____

_____

_____

_____

23

Él es mi Ancla

Tenemos como firme y segura ancla del alma una esperanza que penetra hasta detrás de la cortina del santuario, 20 hasta donde Jesús, el precursor, entró por nosotros, llegando a ser sumo sacerdote para siempre, según el orden de Melquisedec.

—Hebreos 6:19-20

La vida es una tormenta tan asombrosa... tan compleja, maravillosa y confusa, todo al mismo tiempo. La forma en que respondemos a cada tormenta generalmente depende en dónde ponemos nuestra esperanza y dónde ponemos nuestros pies. A menudo hablo de centrarnos en nuestra carne, el mundo, o en nuestro Jesús.

¿Dónde está usted hoy? ¿Sus esperanzas están en Él, o está Ud. a la deriva?

¿Está anclada en Él?

Cuando me encuentro en la deriva y ahogándome en mis tormentas, sé que mi esperanza no está puesta en el que es constante, el que nunca cambia,"El Olam". (Génesis 14:19)

De alguna manera, al tratar de vivir la vida, mi enfoque ha cambiado y me encuentro perdiendo el control de lo que es importante. La vida no parece tan brillante y el Gozo, que llena mi corazón cuando estoy arraigada en Él, comienza a alejarse lentamente.

Me gusta visualizar esto como un barco — una de esas enormes naves. Me imagino qué pasaría si no anclaran las naves correctamente. Bueno, no es diferente a nuestra esperanza y fe durante las tormentas.

Preste mucha atención: si la nave no está anclada correctamente, y si su confianza y esperanza no están siempre en nuestro Rey, se ahogará. Ud. se perderá en el mar cuando lleguen las tormentas, incluso podría hundirse. ¿Se identifica?

Cuando empiezo a poner mi esperanza en este mundo o en las circunstancias, vuelve a ser tan difícil encontrar Gozo y paz. Estoy atrapada en algún lugar del abismo, aferrada a las cosas equivocadas y poniendo mi esperanza en cosas mundanas que, por experiencia, nunca satisfacen completamente.

Hoy día, vamos a anclarnos firmemente en Él. Cuando las tormentas llegan a nuestras vidas, pongamos nuestra esperanza en el que nunca nos abandona y que cumple todas sus promesas... pase lo que pase.

ORAR

¡Señor, quiero que mi fe y esperanza en Ti sean inquebrantables! Mantén mis ojos, mente y espíritu fijos en Ti. Mantenme arraigada en Ti, no en mis tormentas. Deseo que mi vida se alinee solo con Tu palabra.

¡Enséñame, Padre celestial, cómo anclarme en Ti! El deseo de mi corazón es estar cerca de Ti y buscarte en mis tormentas. Acércate cuando empiece a ir sin rumbo, cuando las tormentas llegan feroces y fuertes, y me encuentro hundiéndome.

Espíritu Santo, transforma mi esperanza y fe hasta que sean imperturbables. Ayúdame a correr cada vez a Tu palabra y a cimentarme en Tus promesas que me llenan del Gozo y la paz que solo Tú puedes dar.

Señor, esos días en que es tan difícil seguir adelante, restaura mi alma y restaura mi fe en Ti. Estoy tan agradecida de poder anclarme sólo en Ti. Cuando vaya a la deriva, ayúdame a poner mi fe y esperanza en todo lo que has planeado para mi vida. Ayúdame a creer y estar agradecida por todo lo que me has hecho pasar hasta ahora.

Gracias porque mi esperanza no tiene que estar en las cosas de este mundo sino en Cristo, Tu hijo.

Hoy día, Señor, estoy firmemente anclada en Ti.

BUSCAR Y ESCRIBIR

Ánclese en su Rey. Cuando se encuentre a la deriva o hundiéndose, recuerde que Él es su esperanza.

> Que el Dios de la esperanza los llene de toda alegría y paz a ustedes que creen en Él, para que rebosen de esperanza por el poder del Espíritu Santo. (Romanos 15:13)

> ¡Alabado sea Dios, Padre de nuestro Señor Jesucristo! Por su gran misericordia, nos ha hecho

nacer de nuevo mediante la resurrección de Je-
sucristo, para que tengamos una esperanza viva.
(1 Pedro 1:3)

Aunque estoy físicamente ausente, los acom-
paño en espíritu, y me alegro al ver su buen orden y la firmeza de su fe en Cristo.
(Colosenses 2:5)

24

Él es mi Lugar

Dios los deja sentirse seguros, pero no les quita la vista de encima.

—Job 24:23

Cada vez que se agota mi tanque, voy a mi lugar con Él. ¿Tiene Ud. un lugar? ¿Un lugar donde puede verlo, y saber con certeza que Él la puede ver? ¿Un lugar donde Su paz y amor se vierten en su alma como chocolate caliente en un día frío y ventoso?

Él está allí y ha diseñado ese lugar para que pueda ver la belleza y el amor que Él siente por Ud. A menudo me pregunto, cuando estoy allí, ¿qué ve Él? ¿Él ve lo que yo siento? ¿Ve Él mi dolor, mis luchas, mis constantes batallas con las cosas? ¿Él solo ve belleza en mí?

La belleza de este lugar me recuerda que soy Suya y esto llena mi alma con Su Gozo.

ORAR

Padre, las mañanas como hoy, cuando me despierto justo donde comencé emocionalmente ayer, sé que necesito encontrarte en Tu palabra y en el lugar que diseñaste para mí. Mi cuerpo está cansado hoy, y mi mente está preocupada y confundida con algunas cosas.

¿Podrías quitármelas?

Estoy en ese lugar otra vez, Señor, de dónde constantemente tienes que sacarme. Perdí la paz y sé que necesito correr hacia Ti para encontrarla de nuevo. Levanto mi cuerpo y mi mente hacia Ti, Padre, una vez más y anhelo Tu Gozo en mi vida. Me niego a rendirme aunque tenga que pedirte todos los días que me ayudes. Quiero vivir contigo hoy y alegrarme de la belleza que tan generosamente me has dado gratis.

Llévame esta semana de la mano, y consuélame con Tu presencia. Enséñame a seguir trabajando para fijar mis ojos sólo en Ti y creer que Tu voluntad es perfecta. Sabes dónde estoy ahora, confío en que me mostrarás el camino, y me traerás de vuelta a ese lugar perfecto de Gozo en Ti.

BUSCAR Y ESCRIBIR

Vaya a su lugar de Gozo y conéctese a Él hoy.

_____

_____

_____

_____

Él es mi Lugar

25

Él es mis Pies

Instrúyeme, Señor, en tu camino para conducirme con fidelidad. Dame integridad de corazón para temer tu nombre.

—Salmo 86:11

¿Alguna vez se encontró yendo en la dirección equivocada? ¿La que Dios claramente le estaba diciendo que no siguiera? ¿Le resultó bien? Si Ud. es como yo, no tanto.

Lo que sé es que cada vez que doy esa mala pisada, salgo más agotada y comprometida que la primera vez, con un agujero enorme donde Dios anhela y reclama entrar. En cada giro equivocado (emocional, financiero, espiritual, físico), Él está tocando y esperando, listo para llenar ese vacío que tan ansiosamente yo trato de llenar por mi cuenta.

Mire, en esos momentos me olvido de Su asombroso amor. Olvido que Su camino es el correcto. Olvido que cuando elijo a Dios, el camino es más claro, no perfecto, pero mejor (Juan 14 6).

Cuando elijo caminar con Él, los espacios en mi corazón comienzan a llenarse de Su Gozo y paz, no consumidos por mis dolores y mis emociones. ¡Oh, cuán agradecida estoy por Su paciencia conmigo mientras fallo una y otra vez en mis giros!

Durante esta temporada, elija agarrar Su mano. Camine con Él y conózcalo en sus turnos. ¡Sé que yo sí!

¡No puedo caminar un día sin Él!

ORAR

Señor, quiero caminar junto a Ti. Quiero preguntarte tanto de lo que no entiendo ahora. Corrige mis giros incorrectos. Muéstrame Tu cara cuando mis decisiones no reflejen o se alineen con Tu plan.

Querido Padre, mientras camino hoy, toma mi mano con fuerza y abrázame cuando no esté viviendo Tu propósito diseñado para mi vida. Quiero ir a Ti como una niña y estar en Tu amoroso abrazo mientras camino en el caos de mis días.

Gracias, Señor, que has creado un espacio en mi corazón donde Tú sólo encajas perfectamente. Ayúdame a llenarlo con esas cosas que muchas veces me has mostrado cuando me dirijo en la dirección equivocada. Enséñame a reemplazar el egoísmo con el desinterés, la ira con Tu amor, y las decepciones con Tus promesas.

Señor, elijo caminar contigo y estar llena de Gozo y esperanza que solo Tú puedes llenar. Cuando el día se agite, llévame a Tu cálido abrazo y ayúdame a sentirme completa solo contigo.

BUSCAR Y ESCRIBIR

¿Está caminando con Dios? Escriba todas las diferentes áreas que elige caminar con Dios.

_____

_____

_____

_____

_____

_____

_____

_____

_____

_____

_____

_____

_____

_____

_____

_____

_____

26

Él es mi Camino

" «Quédense quietos, reconozcan que yo soy Dios.
¡Yo seré exaltado entre las naciones! ¡Yo seré enalte-
cido en la tierra!»"

—Salmo 46:10

¿Voy por este camino? ¿Digo esto o no digo eso? Cuando empiezo mi mañana con estas preguntas, es probable que me dirija en la dirección equivo-cada y pueda no encontrar el camino y la paz que Dios ha diseñado específicamente para mí en mi día. Entonces, ¿cual es mi camino para encontrar el Gozo y la paz de Dios cada mañana?

Aqui tiene...

Primero, empiezo orando con Él uno a uno. Si permito que las distracciones se hagan cargo, tengo fallas épicas en esta área y, confíe en mí, las distracciones vendrán tan pronto como comience a orar; así que, tenga cuidado y manténgase fuerte.

Segundo, voy a Su palabra, buscando Su camino para mí en las palabras que leo. Elijo un libro de la Biblia, una devoción de mis muchos libros, un versículo específico de la Biblia, una publicación de blog cristiana y comienzo a buscar. Lo que sea que la lleve directamente a Él y la conecte a Él.

Tercero, después de buscarlo en Su palabra, escribo en mi diario y entablo una conversación con Él. Yo escribo, escribo y escribo. Dios la guiará. Créame. Él lo ha hecho para mí.

Los días que comienzan con mi corazón y mi camino alineados con Él, yo comienzo a dejar ir, reflexionar, arrepentirme y sentir la paz y el Gozo que Él ha tenido para mí todo el tiempo.

¡Hoy únase a mí para orar, buscar y escribir en un diario para que nuestra caminata sea más un reflejo de la vida que nuestro Rey desea para Ud. y para mí!

ORAR

¡Espíritu Santo, guíame en esta caminata contigo! Toma control de mi mente y mi corazón cuando las distracciones desordenan mi tiempo contigo, Señor. Quiero estar completa contigo, Padre, abrázame fuerte y mantenme cerca. Quita todo lo que no sea de Ti y lléname de Tu gracia y misericordia. Lávame y continúa moldeándome a la persona que Tú quieres que sea.

Ayúdame esta mañana a concentrarme en Tu amor y buscar Tus caminos para fijar mis ojos en las cosas asombrosas que me rodean. El deseo de mi corazón es confiar sólo en Ti y en Tu palabra. Ayúdame a ver Tu voluntad en mi caminata y permanecer en el camino que has diseñado para que yo siga.

Cuando mi ritmo se acelere, hazme más lenta, y recuérdame que tienes el control de cada uno de mis pasos. Tócame en el hombro y lléname de Tu sabiduría.

Ayúdame a estar quieta no solo para escuchar, sino también lo suficientemente fuerte para hacer todas las cosas que has diseñado para que yo las haga.

BUSCAR Y ESCRIBIR

Quédese quieta hoy y sepa que Él es Dios. Lea el Salmo 46. Ore, busque y escriba un diario con Él.

_____

27

Él es mi Línea de Vida

Confía en el Señor de todo corazón, y no en tu propia inteligencia. Reconócelo en todos tus caminos, y él allanará tus sendas.

—Proverbios 3:5-6

Cuando pienso en cada vez que he estado en el hospital, conectada a todo tipo de máquinas y me han pinchado con agujas malvadas, me relajo y regocijo, sabiendo que Dios permitió las cirugías y permitió todo para un propósito superior. Estoy todavía viva gracias a Él. Es por Su gracia y misericordia que estoy aquí. Solo Él me ha dado la fuerza para seguir empujando. Puedo celebrar otro día de vida y estar agradecida por todas las tormentas que he ganado aferrada a Él.

Él me ha permitido sobrevivir doce cirugías, la enfermedad de Hodgkin, y tantas cosas de las que ni siquiera me daba cuenta. Me ama tanto que vio todo esto antes de que sucediera y me equipó con todo lo que necesitaría para sobrevivir emocional y físicamente.

Hoy en día, soy una mejor versión de mí gracias a Él y, aunque todavía necesito ser moldeada, me encanta que Él me quiera tanto para ayudarme dar un vistazo del cielo en cada milagro que ha manifestado en mí

No estoy segura de lo que Ud. está pasando, pero sé que si hace esto con Él, saldrá victoriosa. ¡Estará llena de todo lo que Él desea en Ud. y, a cambio, experimentará Su Gozo!

ORAR

Padre celestial, Espíritu Santo, quiero extraer de Ti hoy. Quiero abrir mi corazón a Tu amor y confiar plenamente en Ti. He visto los milagros en mis circunstancias diarias. Te he visto calmar las tormentas que han intentado destruirme, y he visto las bendiciones del dolor cuando confío plenamente en Ti.

Continúa guiándome y enseñándome cómo caminar contigo y beber de Tu pozo de paz. Deseo hoy buscarte y conocerte independientemente de las cosas que me rodean y tratan de robar mi Gozo.

Te doy todo con lo que estoy luchando hoy sabiendo dónde he estado y cómo me has ayudado. ¡Confío en Ti, Padre, porque sé que me amas!

BUSCAR Y ESCRIBIR

Busque a Dios en el Salmo 136. Hágalo su línea de vida.

_____

_____

_____

_____

_____

_____

_____

_____

_____

_____

_____

_____

_____

_____

_____

_____

_____

_____

_____

_____

_____

_____

_____

_____

28

Él es mi Roca

…Sino que el amor perfecto echa fuera el temor. El que teme espera el castigo, así que no ha sido perfeccionado en el amor. Nosotros amamos porque él nos amó primero.

—1 Juan 4:18-19

¿Le resulta difícil quedarse quieta y eliminar todo el caos que ocurre en su cabeza? ¡A mí también! A veces me siento lista para concentrarme, es decir estar totalmente concentrada, en Su presencia. Todo comienza bien pero, en segundos, por ahí va mi mente a otras partes (facturas, ropa sucia, dolores y molestias, mensajes de texto y, por supuesto, las redes sociales). Y todo empieza a apartarme de Su espíritu. ¿Es así cómo se siente? ¿Abrumada? ¿No es esto una lucha más? ¿Quiere saber lo que Dios me ha enseñado?

¡Adorar, adorar, adorar! Comienzo mi día en adoración y llego a Su presencia, lejos de las pruebas mundanas. Tan pronto decido adorar, soy llevada a Su palabra y totalmente consumida por Su amor por mí. Su cobertura me tapa y soy una con Él (de nuevo, no deje que le enganche, muchas veces me caigo y tengo que volver a adorar de nuevo). A veces, simplemente sentarme y escuchar canciones de adoración todavía no funciona, entonces toco otra canción e intento de nuevo. Gracias a Dios por Sus segundas oportunidades.

Así que, hoy escuche su canción de adoración favorita y busque Su amor conmigo en la oración y la adoración.

ORAR

Quiero estar enamorada de Ti, mi Señor. Ayúdame a descubrir lo que funciona para yo acercarme más y más a Ti. Sacúdeme de mis hábitos. Muéveme cuando necesites que Te vea y Te escuche. Atrapa los pensamientos que me consumen y no me permiten acercarme a Tu espíritu.

Enséñame a adorarte y venerarte. Quiero alegrarme por todo lo que tienes reservado para mí. "Alégrense siempre en el Señor. Insisto: ¡Alégrense!". (Filipenses 4: 4)

Cuando abro los ojos cada mañana, quiero que mi corazón se regocije en Ti. Guíame hoy. Padre, Tu sabes exactamente lo que necesito hoy y lo que tengo que despojar. Elimina mis deseos carnosos que obstaculizan mi caminar contigo. Elimina todo lo que me aleja más y más de Tu amor.

Señor, en mi carne siempre estoy tratando de cumplir mis deseos personales y tratando de tomar control. Sácame de mi desorden y mi carne y lléname de Tu Espíritu amoroso.

Hoy, dejo ir todas las cosas que me causan preocupación, miedos y problemas y permito que Tu amor me llene de paz. Consúmeme con Tu amor incondicional. Llena los lugares vacíos de mi alma.

Señor, vengo a Ti hoy en adoración y oro para recibir todo el amor y la gracia que has preparado para mí. Enséñame a regocijarme en Tu palabra y llévame a Tu presencia amorosa.

BUSCAR Y ESCRIBIR

Escuche su canción de adoración favorita. Encuentre a Dios en adoración y escriba un diario con Él.

_____

_____

_____

_____

_____

_____

_____

_____

_____

_____

_____

_____

_____

29

Él es mi Amigo

Queridos hermanos, amémonos los unos a los otros,
porque el amor viene de Dios, y todo el que ama ha
nacido de él y lo conoce.

—1 Juan 4:7

Me pregunto, ¿cómo sería el mundo si amáramos como nuestro Señor? Desinteresado e incondicional. ¡Ese increíble *amor de ágape*! Sé que lucho diariamente con este tipo de amor. ¿Su amor se ve así? O acaso, ¿Dios - y las personas a las que llama amigos y familiares - tienen que hacer algo para que Ud. elija amarlos? ¡Ay! Profundo, ¿verdad?

Sé que si Dios me hiciera esa pregunta todos los días, tendría que cuestionarme a mí misma, y sería culpable de un amor egoísta y condicional. Entonces, ¿cómo amo como Tú, Señor? ¿Cómo hago para no vivir en mi caparazón de no amar porque no me salgo con la mía?

Me hizo pensar qué pasaría si Dios pusiera tantas condiciones en Su amor por mí. Tendría tantos problemas en cada momento del día. Entonces, hoy recibí una llamada de atención (nuevamente), y elegí orar para que Dios me sumerja en Su tipo de amor y me enseñe a ser más como Él.

ORAR

Señor, mientras me siento aquí contemplando Tu amor, llévame a Tus brazos donde puedo encontrar Tu amor Ágape. Cuando me sienta solitaria, sin amor, y con miedo buscando amor en este mundo, llévame a Tu amor que me ofreces libremente. Perdóname cuando Te rechazo, Padre y Te alejo de mí. Acércame cuando yo quiera escapar.

Gracias porque aún en mis berrinches Te quedas ahí mirando amorosamente mientras llamo injustas las circunstancias de mi vida. Estás parado allí pacientemente ofreciendo Tu amor y consuelo en Tu palabra. Ayúdame, Padre, durante estos momentos borrosos cuando estoy siendo egoísta. Ayúdame a correr hacia Tu amor.

Señor, enséñame a abrazar Tu amor porque deseo amar como Tú me amas, Padre. Estoy muy agradecida de que Tu amor no se basa en lo que hago o incluso en quién soy. Gracias porque no tengo que depender de este mundo para completarme con este amor.

Ayúdame hoy a buscar no solo Tu amor, sino también a aceptar y vivir cumplida en Tu amor. Muéstrame cómo amar a los demás a Tu manera. Sé que he fracasado una y otra vez, Padre, pero deseo ser más y más como Tú hoy.

Humíllame hoy para caminar en Tu amor ágape, para hablar en Tu amor ágape y para vivir en Tu amor ágape. Estoy aquí, Señor, en Tu presencia, emocionada de que mi Gozo y mi amor hoy y todos los días provienen de conocerte. Hoy, Te entrego mi corazón para que puedas moldearme y reemplazar las condiciones y el egoísmo en mi corazón con Tu presencia.

Señor, quiero que Tu grandeza y amor se muestren en mí.

BUSCAR Y ESCRIBIR

Lea 1 Juan 4:9-11 y Proverbios 8:17. ¿Qué escucha que Dios le dice?

_____

_____

_____

_____

_____

_____

_____

_____

_____

_____

_____

_____

30

Él es mis Pensamientos

Fíjense en las aves del cielo: no siembran ni cosechan ni almacenan en graneros; sin embargo, el Padre celestial las alimenta. ¿No valen ustedes mucho más que ellas?

—Mateo 6:26

¿Se encuentra pensando mientras duerme? ¿Pensando mientras conduce? ¿Pensando mientras está sentada en la parada del autobús esperando a sus hijos? Sus preguntas y pensamientos pueden ser algo como esto: ¿Qué me voy a poner ? ¿Qué voy a cocinar o a comer? ¿Cómo voy a lograr todas estas compras y hacer felices a todos?

Sí, es interminable y la mayoría de las veces todo se arregla por sí sólo. O no. ¿Por qué? Porque al final del día podemos encontrar paz sabiendo que Dios tiene el control total, no nosotros. Él ya ha provisto. Su voluntad se hará en su vida si solo le deja entrar y si cree.

Realmente aprendí esto de la manera difícil. Entonces, hoy, cuando sus pensamientos y los eventos de nuestro mundo le estén consumiendo, visualice colocándolo todo a los pies de Dios. Recuerde que lo necesita en los momentos de locura. Él es el único que puede. ¡Él la creó! Él creó todo lo que la rodea.

Entonces, a medida que el mundo se desenlace, ¡respire y dele sus pensamientos al único que ha superado al mundo! (Juan 16:33)

ORAR

Señor, consuélame en el caos de mis pensamientos. A medida que el caos comienza a consumir mi Gozo y paz durante mi día, enséñame cómo ponerlo todo a Tus pies. Ayúdame a confiar en que tienes las soluciones a las preguntas y momentos sin respuesta de mi vida.

Señor, reemplaza cualquier confusión en mí con la verdad de Tus promesas en Tu palabra. Ya no quiero fingir que lo tengo todo bajo control. Sé completamente que no, sin Ti. Puede que tenga momentos de éxito personal engañándome a mí misma de tener control, pero al final, solo a través de Ti puedo lograr todo lo que me propongo hacer durante mi día.

Cuando mi agenda se vuelve abrumadora, muéstrame los logros que más Te importan. Muéstrame cómo llenar mi día contigo y Tu amor. Recuérdame que solo Tú conoces los planes que tienes para mí.

Señor, no siempre hago lo correcto, tengo los pensamientos correctos u oro la oración correcta, así que, por favor, toma el control y lléname de Ti.

Déjame pasar por este día llena de Ti y permíteme ser una bendición para todos los que me rodean. No me permitas quedar atrapada en los momentos de mi caos.

Ayúdame a regocijarme en Tu soberanía total sobre mi vida. Aquiétame para que mis pasos se alineen con los tuyos. Deja que mis pensamientos sean Tus pensamientos hoy.

BUSCAR Y ESCRIBIR

¿Qué puede entregarle a Dios hoy? Señor, Te entrego…

_____

_____

_____

_____

_____

_____

_____

_____

_____

_____

_____

_____

_____

_____

_____

31

Él es mi Fortaleza

"Yo soy el Alfa y la Omega dice el Señor Dios, el
que es y que era y que ha de venir, el Todopoderoso".

—Apocalipsis 1:8

Estoy atrapada... ¿¡Otra vez!?
¿Se siente así a veces? ¿Atrapada en sus hábitos
o atrapada en costumbres viciosas que la alejan cada
vez más de cómo Dios quiere que actúe? Si es así, confíe en
mí, no es la única.

Me encuentro recurriendo a otros a mi alrededor para
obtener respuestas y recurriendo a mis propios pensamientos (no es el mejor lugar para estar a veces) para tratar de
salir de ese lugar oscuro, solo para encontrarme unos días
más tarde — o un mes más tarde — donde comencé
(enojada, enfadada, decepcionada, etc.) y preguntando de
nuevo: "¿Por qué yo?"

¡Trabajo tan duro para salir de mis propios pensamientos y morar en la presencia y voluntad de Dios, pero el ciclo
vicioso sigue absorbiendome, me pierdo en mis pensamientos, y olvido quién es Dios realmente!

Cuando oro, Él me agarra y me recuerda que:

- Él es el Todopoderoso (Apocalipsis 1:)
- Él es el Alfa y la Omega (Apocalipsis 22:13)
- Él es la luz del mundo (Juan 8:12)
- Él es quien nos libera (Juan 8:36)
- Él es la paz (Efesios 2:14)
- Él es el camino (Juan 1:1) , y me recuerda que, en Su presencia, mis pensamientos se vuelven más ligeros y me caigo con más facilidad a Sus pies.

¿Le dará sus pensamientos hoy a cambio de Su camino, luz, libertad y paz?

ORAR

Señor, alimenta mi alma. Llena mi espíritu. Llévame a las herramientas espirituales que me mantienen en Tu palabra. Por favor, toma el control; me entrego a Tu máxima voluntad para mi vida. Cuando mis pensamientos me empujan fuera de Tu presencia y me encuentro de nuevo en ese lugar oscuro de desilusión, dolor e ira, llévame a Tu luz.

Libérame de mí misma, sácame del caos que nunca parece terminar y que me deja vacía en mi corazón, buscando esas cosas, Señor, que no has diseñado para mí.

Añoro Tu paz y amor. Hoy quiero intercambiar mis pensamientos por Tu Gozo, mi oscuridad por Tu luz. Ruego, Señor, levantes los muros que se derrumban sobre mí y enséñame cómo vivir libremente en Tu palabra. Permite que mis acciones continúen siendo renovadas y modificadas buscándote más profundamente en mi día.

Señor, quiero dejar de preguntar: "¿Por qué yo?" y confiar en que sabes el por qué y el camino que necesito. Gracias por no dejarme nunca.

Padre, ayúdame a salir de mí y reflejarte más.

Vengo ante Ti, Señor, y derramo todos mis sentimientos de insuficiencia, debilidad e inferioridad, y los reemplazo con todas las verdades que has prometido en Tu poderosa palabra.

Señor, restaura mis pensamientos y mi alma. Ya no quiero estar atrapada en mis caminos que me dejan estancada en mi oscuridad. Desátame de mis pensamientos para que pueda ser libre en Ti.

Padre, revélate en mí y se la vid de la que me apoyo, y me da fuerza y coraje para seguir adelante cada día.

BUSCAR Y ESCRIBIR

Suelte todo aquello que la mantiene estancada.

_____

_____

_____

_____

_____

_____

_____

BUSCAR Y ESCRIBIR

Utilice las páginas que siguen según sus necesidades ...

Él es mi Fortaleza

El es mi Fortaleza

Una nota del autor

He estado en un viaje gozoso y me siento tan bendecida que Él me ha quebrantado con Su gracia para que sea la versión que Él pretendía que fuera todo el tiempo. Lo amo por elegirme para hacer esto.

Mi intención es que con cada libro comprado, un porcentaje de los ingresos se destinará para obtener materiales necesarios para crear y entregar "bolsas de Gozo" a aquellos que luchan contra una tormenta.

¡Juntas podemos hacer que el Gozo sea contagioso!

Yo también quiero invitarle personalmente a visitar:

- www.facebook.com/joyousconversations
- instagram.com/makingjoycontagious
- www.makingjoycontagious.com/

En Su Gozo,

Desiree

www.ingramcontent.com/pod-product-compliance
Lightning Source LLC
LaVergne TN
LVHW041320080426
835513LV00008B/525